SÜDTIROL
Kulinarisch

Collection
Rolf Heyne

MONIKA KELLERMANN

SÜDTIROL

Kulinarisch

FOTOGRAFIERT VON UDO BERNHART

COLLECTION ROLF HEYNE

INHALT

Vorwort *7*

Die typischen Produkte Südtirols *9*

BRIXEN *19*
BOZEN *25*
MERAN *39*

DAS EISACKTAL
mit den Nebentälern Wipptal, Pflerschtal, Ridnauntal, Pfitschertal, Villnösser Tal und Grödnertal *53*

DAS PUSTERTAL
mit den Nebentälern Gsieser Tal, Sextner Tal, Höhlensteintal, Antholzertal, Tauferer Ahrntal und Abteital *89*

DER VINSCHGAU
mit den Nebentälern Langtauferer Tal, Münstertal, Suldental, Martelltal, Schnalstal, Passeiertal und Ultental *115*

DAS ETSCHTAL
mit den Nebentälern Eggental, Überetsch, Fassatal, dem Meraner Land und Gampen- und Mendelpass *163*

DAS SARNTAL *215*

DIE DOLOMITEN *237*

DIE STERNEKÖCHE SÜDTIROLS *257*

ANHANG *297*
Märkte und Feste *298*
Landkarte *302*
Adressen *304*
Dank & Impressum *320*

◂ Im Pustertal: Blick von der Sonnenburg auf Burg Hebenstreit

VORWORT

von Monika Kellermann

Vor vielen Jahren waren es die Wanderungen auf dem Ritten oder im Schlerngebiet, vereint mit dem traditionellen Törggelen, die mich nach Südtirol lockten. Später, Ende der Achtzigerjahre, erlebte ich dort den Beginn einer neuen Weinkultur, die mich anfangs überraschte und bis heute begeistert. Winzern und Freunden verdanke ich auch viele Tipps, wo man gut essen, schlafen und einkaufen kann.

Kreuz und quer bin ich durch die Bergregion gefahren, wobei mir besonders die wohltuende Veränderung vom urig-traditionellen hin zu einem ansprechenden alpinen Lifestyle auffiel. Ich lernte zudem interessante Menschen kennen, die gastfreundlich, fleißig, mutig, traditionsbewusst, aber dennoch weltoffen sind.

Die Schönheit dieser nördlichsten Region Italiens ist hinreichend beschrieben worden, auch ich habe sie auf meinen Entdeckungstouren erneut schätzen und lieben gelernt. Mit einer Einschränkung: Die engen, sich nach oben windenden, einspurigen Straßen haben mir ehrlich gesagt manchmal zugesetzt. Oben angekommen war jedoch die Mühe rasch vergessen. Atemberaubende Fernblicke, grasgrüne saftige Almen übersät mit goldgelben Löwenzahnblüten, schroffe Felswände, bei deren Anblick ich Gänsehaut bekam, im Tal Weinreben und Apfelhaine, so weit das Auge reicht.

Schicke Designerhotels und moderne Bauwerke in den Städten, wie zum Beispiel die Therme in Meran oder das Museum für Moderne Kunst in Bozen, zeigen, dass Tradition und zeitgenössische Architektur kein Widerspruch sind.

Ähnliches gilt auch für die heimische Küche, die heute meist mediterran leicht interpretiert wird. Das betrifft nicht nur die Sterneköche, von denen es im etwa 500 000 Einwohner zählenden Südtirol immerhin 17 (2012) gibt, es gilt auch für die zahlreichen Köchinnen und Köche in den hübschen Gasthäusern landauf, landab. Mein größtes Problem war, dass es wirklich so viele gute Restaurants gibt. Gerne hätte ich mehr vorgestellt – ich entschuldige mich schon jetzt bei den Lesern, die ihren Favoriten nicht finden. Es scheiterte am Umfang des Buches.

Unglaublich begeistert war ich von den Bergbauern, die sich ihrer Wurzeln besinnen und wieder anfangen, im kleinen Stil hofgereiften Käse, Speck, Brot, getrocknete Früchte, Säfte usw. zu produzieren. Mein Wunsch: Fragen Sie nach den echten heimischen Produkten, zahlen Sie etwas mehr dafür – Sie werden belohnt mit unvergesslichen, ehrlichen Südtiroler Lebensmitteln.

Bio
Castel Juval
Äpfel im Babykarton

DIE TYPISCHEN PRODUKTE SÜDTIROLS

SPECK UND SÜDTIROL

Eine köstliche Symbiose

In früheren Zeiten bot Speck die einzige Möglichkeit, auch im Winter Fleisch und Fett zu essen, er war im wahrsten Sinne des Wortes ein »Lebensmittel«. Jeder Bergbauer mästete den Sommer über ein Schwein, um für den Winter vorzusorgen. Schlachttage waren regelrechte Feiertage! Früher wurden die Schweinehälften entbeint, mit einer geheimen Salz-Kräuter-Mischung gebeizt, geräuchert und in der Bergluft gereift.

Heute ist Südtiroler Speck ein Gaumenschmaus, der zwar immer noch ähnlich wie damals hergestellt wird, doch die Schweine kommen kaum noch aus Südtirol. Bei der starken Nachfrage ist das nicht mehr zu schaffen. Zudem ist Südtirol ein beliebtes Urlaubsland, und wer möchte schon in der Nähe von Schweineställen seine Ferien verbringen?

Damals wie heute ist das Geheimnis des Wohlgeschmacks: wenig Rauch, viel Luft. Beim Räuchern darf die Temperatur 20 °C nicht überschreiten. Laut Vorschrift des Südtiroler Gütesiegels »g. g. A.« (geschützte geografische Angabe) beträgt die anschließende Reifezeit in frischer Bergluft im Schnitt 22 Wochen, dabei verliert der Speck bis zu 40 Prozent Feuchtigkeit und entwickelt sein charakteristisches Aroma. 27 Südtiroler Betriebe sind derzeit Mitglied im Südtiroler Speck Consortium, die das Gütesiegel »g. g. A.« tragen dürfen. Während andere Schinken entweder durch Räuchern oder Trocknen an der Luft haltbar gemacht wurden, vereint der Südtiroler Speck beides.

Feinschmecker sollten aber wissen, dass es ihn noch gibt, den wahren Südtiroler Bauernspeck! Knapp 40 Bauern haben sich zum Projekt »Südtiroler Bauernspeck« zusammengeschlossen und garantieren, dass die Schweine im Land geboren und artgerecht aufgewachsen sind sowie optimal gefüttert wurden. Drei Metzgereibetriebe und ein Großbetrieb bereiten aus diesem edlen Grundprodukt einen »Grand-Cru-Speck«, der mindestens 8 Monate reift, bevor Sie ihn genüsslich verzehren können. Man muss noch danach suchen, aber der Trend zu ursprünglichen Produkten wird stärker, und das ist erfreulich. Verständlich, dass so ein köstlicher Bauernspeck einen höheren Preis hat, aber wer ihn einmal verkostet hat, der bleibt dabei!

▸ »Ein bisschen Fett muss sein …«

UNSER TÄGLICHES BROT …

… ist leider auch nicht mehr das, was es einmal war, selbst in Südtirol muss man nach traditionell und handwerklich hergestelltem Brot suchen. Die Brotsorten spiegelten früher die verschiedenen Südtiroler Regionen wider. Es gab seit jeher drei Grundformen: das Paarl aus dem Vinschgau, das Preatl im Pustertal und das Pidl im Ultental. Jede dieser Brotsorten wurde aus Roggenmehl gemacht, Weizen nahm man früher nur für die Kuchen. All diese Brote gibt es heute noch in den Bäckereien, aber leider haben auch hier Backmischungen Einzug gehalten. In vielen Ferienhotels gilt leider heute für das Brot »resch und frisch«, also tiefgekühlt und aufgebacken. Nach einer Stunde sind sie nicht mehr genießbar. Muss das sein?

Immer mehr Bergbauern und Bäcker denken, wie beim Speck, wieder traditionsbewusst und besinnen sich der ursprünglichen guten Produkte. Ein Beispiel ist der FISOLHOF (Seite 136), und es gibt einige mehr, wie den kreativen Bernhard Feichter im Pustertal (Seite 106). Wer jemals richtig handgeschütteltes Schüttelbrot geknabbert hat, der lässt die Finger von den anderen. Florian Santer (Seite 142) macht sich mit seinen Bäckern die Mühe und schüttelt die Teige Nacht für Nacht! Mich freut es zu sehen, dass es in Südtirol diese passionierten Menschen gibt, die viel Energie und Mut investieren, um traditionelle Produkte zu erzeugen.

Für die Touristen sind sie alle einfach Vinschgerl, für die Einheimischen ist es aber ein Unterschied, aus welchem Tal die herzhaften Brotfladen stammen.

ONE APPLE A DAY …

Zu Ostern 2012 traf es vor allem die Apfelbäume im Vinschgau hart. Die Bäume standen in voller Blüte, als das Thermometer tief in den Minusbereich fiel. Da half dieses Mal auch die übliche Bewässerung der Blüten nicht, die normalerweise das Schlimmste verhindert. Fazit: Es wird im Herbst 2012 weniger Äpfel aus dem Vinschgau geben, dafür können Sie aber die faszinierenden vereisten Apfelblüten bewundern, die Udo Bernhart, selbst Apfelbauer, fotografiert hat.

… wäre viel zu wenig, wenn die Einheimischen ihre Apfelproduktion selbst aufessen müssten. Bei 500 000 Einwohnern müsste jeder Südtiroler 12 000 Äpfel pro Jahr verzehren – eindeutig zu viel, deshalb werden die Äpfel auch weltweit exportiert. Wenn man im Frühjahr durch Südtirol fährt, sind die Täler ein einziges weiß-rosa Blütenmeer! Mit 19 000 Hektar ist Südtirol das größte zusammenhängende Obstanbaugebiet Europas. Die 8000 Apfelbauern sind Familienbetriebe, von denen jeder im Schnitt zweieinhalb bis drei Hektar bewirtschaftet. Das Apfelanbaugebiet erstreckt sich von Salurn im Süden durch das ganze Etschtal und rein in den Vinschgau. Auch auf dem Ritten und im Eisacktal sieht man Apfelbäume.

Elf Apfelsorten dürfen die Bezeichnung »Südtiroler Apfel g. g. A.« (geschützter geografischer Anbau) tragen, die alle bildschön sein müssen und gleich groß. Man darf nicht klagen, es sind wir, die Verbraucher, die knackige, schön anzusehende Früchte kaufen. Einer Sache darf man sich bei Südtiroler Äpfeln jedoch gewiss sein: Ein umweltschonender Anbau ist garantiert. Integrierter biologischer Anbau bedeutet, dass Böden, Bäume und Früchte umweltschonend gepflegt und Schädlinge auf natürliche Weise bekämpft werden. Unabhängige Kontrollstellen überprüfen die Einhaltung der Vorschriften.

KLEINES WEINLAND, GROSSE WEINE

Die beeindruckende Südtiroler Weinkultur

Südtirol zählt zu den kleinsten Weinanbaugebieten Italiens, aber wenn es um die Qualität geht, sind die Südtiroler Winzer Spitze. Etwa 5000 Winzer bewirtschaften, in Anbetracht der Steillagen teilweise unter großen Anstrengungen, etwa 5300 Hektar Rebfläche. Daran erkennt man, dass die einzelnen Weinbauern nur über wenig Fläche verfügen, weswegen sie die Trauben in Genossenschaften liefern. Rund 70 Prozent der Weine werden in den 13 Genossenschaften gekeltert! Weinkenner wissen längst, dass das kein Nachteil ist, im Gegenteil: Die Genossenschaften gehören zu den Vorreitern, wenn es um die Qualität der Weine geht.

Weinbau gab es in der nördlichsten Region Italiens von jeher, aber der große Wandel vom Zechwein zum Topwein begann erst Mitte der Achtzigerjahre. Einige Weinpioniere, allen voran Sebastian Stocker (KELLEREI TERLAN), Luis Raifer (KELLEREI SCHRECKBICHL) und Alois Lageder waren es, die den Ausbau nach Lagen, eine drastische Mengenreduzierung und die Umsetzung moderner Erkenntnisse in Keller und im Weinberg einführten. Mir ist bei meinen Winzerbesuchen aufgefallen, dass der Gedanke der Biodynamik hier auf fruchtbaren Boden fällt. Einige Winzer haben schon seit Jahren voll und ganz umgestellt, viele schauen ihnen interessiert zu und beschäftigen sich intensiv mit der Thematik.

Die sehr unterschiedliche Bodenstruktur, die Höhendifferenzen und die Klimaverhältnisse haben ihren Anteil daran, dass in Südtirol so facettenreiche Weine entstehen. Obwohl der Trend eindeutig zu Weißweinen geht, die vor allem auch auf den Hochlagen bestens gedeihen, hat man die heimischen roten Rebsorten nicht vergessen. Vernatsch und Lagrein erleben derzeit eine erfreuliche Renaissance und der in Südtirol so geliebte Blauburgunder wird jährlich anspruchsvoller. Seit einigen Jahren mischen auch die knackig-frischen und mineralischen Weißweine des Eisacktals auf der internationalen Bühne erfolgreich mit, und für Überraschung sorgt die beeindruckende Langlebigkeit der Terlaner Weine.

▸ Großartige alte Weine lagern in den Kellern von Terlan! Blauburgunder wird immer beliebter in Südtirol, und auch der Vernatsch (im Bild die Trauben) erlebt eine erfreuliche Renaissance.

BRIXEN

BUMMEL DURCH BRIXEN

Ehrwürdige Bischofsstadt mit sehenswerten Kirchen, historischen Häuserfronten und einladenden Laubengassen

Die pittoreske Metropole des Eisacktals ist bereits über 1000 Jahre alt und damit die älteste Stadt Südtirols. Obwohl in den Laubengassen stets munteres Treiben herrscht, wirkt Brixen eher beschaulich, hier gibt es kein hektisches Geschiebe und Gedränge. Deshalb macht ein Bummel durch die denkmalgeschützte Altstadt mit den zinnenumsäumten Gassen und den heimeligen Laubengängen richtig Spaß. Nebenbei bemerkt, habe ich hier sehr viele schöne Mode-, Schuh- und Taschengeschäfte entdeckt, mit recht zivilen Preisen.

Dass Brixen eine mittelalterliche Bischofsstadt ist, die viele Jahrhunderte lang Sitz der Fürstbischöfe war, davon zeugen die vielen Sakralbauten, insbesondere der Dom mit dem Domplatz und die Pfarrkirche inmitten der Altstadt. Stolz sind die Brixner, dass Papst Benedikt XVI. 2008 das Priesterseminar ihrer Stadt besuchte. Er kennt das Städtchen ganz gut, da er als Kardinal Ratzinger mehrmals dort verweilte. Weil der Kirchenmann irdischen Genüssen zugetan ist, kehrt er auch als Papst im traditionellen KÜNSTLERSTÜBELE FINSTERWIRT ein, und seither steht im August immer eine seiner Leibspeisen auf der Karte. Aber nicht nur dem Papst gefallen diese urigen Stuben, die das Traditionsbewusstsein der Brixner deutlich widerspiegeln. Man macht keinen Fehler, wenn man sich dort niederlässt und eines der feinen Wildgerichte genießt … Wenn das Wetter mitspielt, und laut Touristenwerbung soll das 300 Tage im Jahr der Fall sein, ist der lauschige Garten eine wunderbare Oase, um sich vom Stadtbummel zu erholen.

Eine gute heimische Küche bekommt man in den gutbürgerlichen Stuben des RESTAURANTS FINK aufgetischt, aber wer eher Lust auf etwas Süßes hat, der bestellt sich im Erdgeschoss einen Kaffee und nascht einen der verführerischen Kuchen. Wenn man die angenehme Atmosphäre dieser Kunst- und Kulturstadt länger genießen möchte, ist das Traditionshotel ELEPHANT eine gute Adresse, und man darf sicher sein, dass man herzlich und zuvorkommend betreut wird. Gleich ums Eck können Weinfreaks in einer ansprechenden Vinothek stöbern und sich schon mal auf die exzellenten Weißweine des Eisacktals einstimmen.

▸ Impressionen aus Brixen

WEIN
GALERIE
ENOTECA

BOZEN

BOZENS GUTE STUBE LEBT …

… und verlockt zum Flanieren

Wir sitzen vor der Weinbar BANCO 11, direkt am Bozner Obstmarkt, bei einem Glaserl Weißburgunder und sind mittendrin im kunterbunten Treiben dieser bezaubernden mittelalterlichen Stadt. Würde Wolfgang Amadeus Mozart heute hier sitzen können, würde er sicherlich seine einstige Meinung über diese Stadt revidieren. Er war nämlich, wie man aus einem Brief an seine Schwester weiß, alles andere als begeistert von diesem »Sauloch« und genoss viel lieber in Rovereto einen Marzemino.

Sei's drum, er war einfach viel zu früh hier gewesen. Noch vor einigen Jahrzehnten war Bozen eine eher verschlafene Provinzstadt, das hat sich aber grundlegend geändert. Heute pulsiert hier das Leben, und das spürt man besonders deutlich am Obstmarkt. Ein Sprachengewirr aus Italienisch und Deutsch schwirrt durch die Gasse mit ihren verlockenden, fein herausgeputzten Ständen, wo rotbackige Äpfel, Erdbeeren, Spargelstangen, Salate, Kräuter, köstlicher Bergkäse und natürlich heimischer Speck ausliegen. »Sind sich die Einheimischen bewusst, wie großartig das Leben dank der Zweisprachigkeit ist?«, frage ich meine Bozner Freundin. »Was heißt hier zweisprachig, du hast Ladinisch vergessen. Südtirol ist ein Schmelztiegel aus drei Kulturen – die heutige Generation profitiert davon und genießt es auch. Für die Älteren, die die faschistische Politik miterlebt haben, ist es schwieriger, aber es wird besser.« Statistisch sieht das so aus, dass in der 100 000-Einwohner-Stadt 73 Prozent der Bewohner italienisch, 26 Prozent deutsch und 0,7 Prozent ladinisch sprechen. Hinzu kommen die vielen Touristen aus aller Welt die vom Flair der engen Gassen, der Lauben und des Obstmarktes begeistert sind. Um die Stadt zu erkunden, kann man sich von einem der vielen Reiseführer über Bozen leiten lassen oder eine Stadtführung buchen, ich lasse mich aber lieber treiben. Dabei habe ich mich zwar schon öfters verlaufen, aber auch immer wieder etwas Neues entdeckt. Eine schnelle Runde geht durch das sogenannte Bermudadreieck zwischen dem Obstmarkt, der Museumstraße und der Erbsengasse. Nachts ist die Tour für Insider meist nicht so schnell zu Ende, denn die Gefahr, in einer der zahlreichen Bars zu versacken, ist groß.

◂ Verführerisch schicke Läden in den Laubengassen

BOXENSTOPPS IN DER BOZNER ALTSTADT

Nehmen Sie sich Zeit – davon gibt es viele gute …

Für die Bozner ist BANCO 11 ein angesagter Treffpunkt, und das liegt nicht nur an der Lage, sondern auch an der Eigentümerin, der herzlichen Finnin Birgitta Puustinen. Da wir früh dran sind, hat sie einen Moment Zeit, mir zu erzählen, wie sie nach Bozen kam. »Mein Vater hat drei Töchter und drei Supermärkte«, beginnt sie. »Jede von uns sollte mal einen übernehmen, hoffte er. Ich wollte aber die Welt sehen. Als ich mal am Gardasee jobbte, lernte ich einen Mann – meinen späteren Mann – kennen, und er bat mich, doch mal eine Saison in Bozen zu arbeiten. Aus den geplanten sechs Monaten sind über 20 Jahre geworden … Durch Zufall habe ich Alois Lageder kennengelernt, und er schlug mir vor, in seiner Vinothek zu arbeiten. Ich sagte ihm, dass ich nicht deutsch spreche und von Wein wenig Ahnung habe. Er meinte nur, das könne man alles lernen, wenn man Freude daran hat. Und er hatte so recht. Allmählich begann ich, mit einer eigenen Weinbar zu liebäugeln, und hatte immer diesen Platz im Auge. 2008 war es so weit, ich konnte meinen Traum verwirklichen. 2010 bekam ich die Möglichkeit, den Miniladen nebenan zu übernehmen.« In der DISPENSA gibt es Köstlichkeiten, die Birgitta schmecken, und – welche Frage – auch Wein, denn da kennt sie sich mittlerweile bestens aus!

Birgitta Puustinen, die Besitzerin der BANCO 11, und ihre Mitarbeiterin Silvia verwöhnen ihre Gäste mit feinsten Südtiroler Tröpfchen, direkt gegenüber der farbenprächtigen Stände am Obstmarkt.

Bummelt man ein wenig weiter, wird man durch die weißen Sonnenschirme und vielen kleinen Schilder mit schlauen Sprüchen darauf auf die FISCHBÄNKE aufmerksam. Der Künstler Cobo, mit richtigem Namen Rino Zullo, hat dort, wo früher Fische feilgeboten wurden, einen beliebten In-Treff errichtet. Sie möchten lieber etwas Bodenständiges? Dann gehen Sie ins WIRTSHAUS VÖGELE. Es ist ein traditionelles Bozner Wirtshaus mit holzgetäfelten alten Stuben, wo sich Einheimische und Touristen gleichermaßen wohlfühlen. Die Küche ist eher deftig, und zur Mittagszeit muss man Geduld mitbringen, um einen Platz zu ergattern.

Wer nur eine Kleinigkeit möchte, der geht in die OSTERIA DAI CARRETTAI (Zum Kärrner). Leckere Crostini in unzähligen Variationen sind genau das Richtige, um sich für den Streifzug durch die Lauben zu stärken.

Mich zieht es zuallererst immer in den stilvollen Einrichtungsladen ZIMMERMANN & CULTI. Wer denkt, dass es sich hier nur um den von der Tür aus sichtbaren Raum handelt, der sollte mal reingehen. Stufe für Stufe, stets begleitet von bezaubernden Accessoires, geht es in den Keller. Sabine und Michael Settori, die Besitzer des Hauses, kennen sich bestens aus, wenn es um schickes Design geht.

Ein Blick auf die Uhr, und rasch geht's zu THALERS PERLE, denn ab 11.30 Uhr öffnet diese neue Aperitivo-Bar im zweiten Stock der PARFÜMERIE THALER. Vorbei an exquisiter Kosmetik, Bademode und Dessous geht es nach oben, um an der edlen Bar oder der Lounge die feinen »Perlen« zu genießen. Die Auswahl an Champagner, Spumanti und Prosecci ist enorm. Es gibt einige glasweise, dazu leckeres Fingerfood! Wer diese glänzende Idee hatte? Natürlich zwei Frauen: die Chefin des Lifestyleladens Heidi Schwienbacher und ihre kreative Nichte Flora!

Frauen lieben die prickelnden Perlen und feine Kosmetik. In THALERS PERLE in der Laubengasse kann man beides vom Feinsten und in einem schicken Ambiente genießen.

TRADITIONSRESTAURANT UNTER NEUER REGIE

ZUR KAISERKRON – Robert Wieser

Anfang April 2010 hat Robert Wieser, der in der Südtiroler Gastronomie kein unbeschriebenes Blatt ist, die Geschäftsführung der KAISERKRON übernommen. Er entstammt der ladinischen Hoteldynastie Pizzini, die mehrere Spitzenhotels in der Region um Alta Badia betreibt. Logisch, dass Robert Wieser Zeit seines Lebens in der Gastronomie tätig war, mit viel Leidenschaft und immer in der Alta Badia. Als die KAISERKRON einen neuen Betreiber suchte, reizte es ihn, mal in der Landeshauptstadt zu arbeiten. Vor allem auch deshalb, weil sein Freund, der Sternekoch Karl Baumgartner, versprach, ihm beratend in der Küche zur Seite zu stehen. Karl Baumgartner pendelt nun zwischen seinem Sternerestaurant SCHÖNECK in Pfalzen und Bozen hin und her, kümmert sich um den Einkauf der Produkte und hat eine gute Küchencrew zusammengestellt. Die meisten Köche kennen seinen Stil, weil sie schon bei ihm in SCHÖNECK gearbeitet haben. In der KAISERKRON gibt es aber keinen Küchenchef, sondern eine Teamküche. Jeder ist für seinen Bereich verantwortlich, und so entsteht ein harmonisches Miteinander.

Das Haus hat als Restaurant eine lange Geschichte: »Hier hat Louis Agostini, ein in Bozen sehr geschätzter Koch, 15 Jahre lang die Gäste verwöhnt. Anschließend übernahm sein Sohn Luis, ebenfalls 15 Jahre. Damals wurde eine gutbürgerliche Südtiroler Küche aufgetischt, heute servieren wir eine leicht bekömmliche, mediterran angehauchte Küche«, erzählt Robert Wieser. Ich persönlich werde nie den knackigen rohen Artischockensalat mit Bries oder den lauwarmen Kalbskopf vergessen!

»Am Anfang war es nicht so leicht, denn die Bozner standen der neuen ladinischen Leitung des traditionellen Restaurants skeptisch gegenüber«, erzählt Robert Wieser weiter. »Aber die frische Küche, die korrekten Preisen, die kleine Karte mit den häufig wechselnden Gerichten sowie die optimal korrespondierenden Weine, die man auch glasweise erhält, überzeugten schlussendlich. Heute sind etwa 70 Prozent der Gäste Einheimische.« Übrigens: Sobald die Sonne Bozens gute Stube wärmt, kann man auch vor der KAISERKRON fein tafeln und bei einem feinen Glas Wein und köstlichen *piatti* das Treiben rundherum beobachten.

▸ Robert Wieser ist der neue Betreiber des Traditionsrestaurants ZUR KAISERKRON im Herzen von Bozen.

GEHEN WIR INS LAURIN …

PARKHOTEL LAURIN und Küchenchef Manuel Astuto

Ins LAURIN zu gehen, das bedeutet für die Bozner, sich entweder in der wunderschönen Jugendstilbar oder in der Lounge Bar im gepflegten Park zu treffen. Es gibt nicht viele Hotels, die man ohne Gast zu sein besucht, um einen Kaffee oder Cocktail zu trinken oder um fein zu speisen. Das, was der kreative, gerade mal 27 Jahre junge Koch Manuel Astuto mit seinem Team, dessen Durchschnittsalter 23 Jahre beträgt, in den ehrwürdigen Gemäuern auf die Beine stellt, ist beachtlich.

Ich treffe ihn im traumhaft schönen LAURIN-Park, und während ich seine exzellente Version der Schlutzkrapfen probiere, erzählt Manuel Astuto voller Enthusiasmus: »Wir sind ein super eingestelltes Team und deshalb macht uns die Arbeit, auch wenn sie weit über einen Achtstundentag hinausgeht, so viel Freude. Selbst wenn mal kurzfristig neue Events hinzukommen, wo wir kochen müssen, ein ›Nein, geht nicht‹ gibt es bei mir nicht.« – »Also die Schlutzkrapfen sind köstlich, es wird im LAURIN also auch Heimisches serviert?«, frage ich nach. »Die dürfen natürlich nicht fehlen, kommen doch auch Gäste gerade wegen der Klassiker. Ich blättere dann im traditionellen Kochbuch der Familie Staffler und interpretiere die Rezepte neu. Ich stamme aus Bozen, also bin ich mit der Küche großgeworden! Meine Wurzeln sind jedoch sizilianisch, vielleicht habe ich deshalb einen ausgeprägten Hang zur leichten mediterranen Küche. Außerdem ist es mir besonders wichtig, Lebensmittel zu verwenden, deren Herkunft ich kenne oder die fair gehandelt wurden.« Manuel Astutos herausragende, leidenschaftliche Küche hat die Hotelleitung dazu inspiriert, extra ein kleines Gourmetrestaurant zu gestalten, das Ende 2012 eröffnet wird. Am Abend kann man dann dort die hohe Kochkunst genießen, während es mittags eine Bistroküche gibt, aber natürlich mit der Handschrift von Manuel Astuto und seinem jungen Team. Das Ambiente dieses gediegenen Parkhotels der Familie Staffler, das 2010 sein 100-jähriges Jubiläum feierte, lädt zum Verweilen und Entspannen ein. Immer, wenn ich in der prachtvollen Bar sitze, kommt mir in den Sinn, es könnte jeden Moment Kaiserin Sisi hereinspazieren …

▸ Unbedingt besuchenswert ist die LAURIN BAR!
Manuel Astuto: jung, kreativ und ehrgeizig

RESTAURANT

La Gazzetta dello Sport

MIT DER KOHLERER BAHN IN DIE SOMMERFRISCHE

GASTHOF KOHLERN – Josef Schrott

Die Bozner brauchen gerade mal fünf Minuten, um ihrem heißen Talkessel zu entfliehen. Bozen ist die heißeste Stadt Italiens, und im Sommer steht die Luft in den engen Gassen und unter den Lauben. Aber die Einheimischen haben seit jeher einen Ausweg: Sie flüchten auf einen der Berge rundherum. Im Nu ist man mit der Seilbahn in Jenesien oder in Kohlern. Die Kohlerer Bahn war die erste Personenseilschwebebahn der Welt, 2008 feierte sie ihren 100. Geburtstag. Im Halbstundentakt kann man nach wenigen Minuten Fahrt eine sensationelle Aussicht genießen, frische Luft einatmen und gut essen.

Den GASTHOF KOHLERN gibt es schon seit 1899, seit 1966 betreibt das beliebte Wirtshaus die Familie Schrott. Sohn Josef ist hier aufgewachsen und könnte sich auch nicht vorstellen, woanders zu leben. »Ich bin, nachdem ich die Hotelfachschule fertig hatte, gleich im elterlichen Betrieb eingestiegen und habe angefangen, alles ein wenig den heutigen Bedürfnissen anzupassen«, beginnt er zu berichten, »und dazu gehören heute ein Spa, ein Schwimmbad und ansprechende Zimmer.«

Ein fantastischer Panoramablick ist von hier aus garantiert: Josef Schrott vor dem Schwimmbad seines Traditionshauses.

Und eigentlich bräuchte ich gar nicht fragen, wer die weitläufige Veranda gestaltet hat: Zeno Bampi – seiner gestalterischen Handschrift begegnet man immer wieder, wenn man durch Südtirol reist. »Und wer kocht?«, frage ich. »Wir haben zwei Köche, aber meine Mama schaut immer nach, ob das Herrngröstl oder die Knödel so sind, wie sie sein sollen. Meine Leidenschaft sind die Weine. Sobald ich ein wenig Zeit habe, besuche ich Winzer oder nehme an Weinverkostungen teil.«

Natürlich hat er einen sehr schönen Weinkeller, der bei meinem Besuch gerade von einer Gruppe belegt ist, die sich dort ihren *aperitivo* schmecken lässt. Viel schöner finde ich es allerdings, auf der verglasten Veranda zu sitzen und den atemberaubenden Blick zu genießen – hinüber zum Ritten, hinunter nach Bozen und auf all die anderen Berge, deren Namen ich erst gar nicht anfange, mir zu merken, so viele sind es. Dann lasse ich mir die lockeren Knödelvariationen schmecken, dazu den von Josef empfohlenen Weißburgunder, und versuche nicht daran zu denken, dass ich die acht kurvigen Kilometer wieder nach unten fahren muss. Nächstes Mal nehme ich die Seilbahn, wie es alle machen …

Vor der verglasten Veranda laden hübsch gedeckte Tische zum Verweilen, und wer nicht mehr ins Tal fahren will, der bucht eines der schön renovierten Zimmer.

TABACC
RIV. TABACCHI

MERAN

BUMMEL DURCH MERAN

Noble Kurstadt mit mediterranem Flair und modernem Outfit

Wenn man vor der Therme Meran steht, sieht man: Die Stadt ist im 21. Jahrhundert angekommen. Matteo Thun hat diese Wellnesslandschaft mit 25 Pools, weitläufigem Park und einigen Freiluftbecken gestaltet, eröffnet wurde sie 2005. Standen einige dem eindrucksvollen Kubus aus Stahl und Glas anfangs noch skeptisch gegenüber, ist er heute das stolze architektonische Highlight Merans.

Ein Blick in die Geschichte: Als die Wiener Fürstin Mathilde von Schwarzenberg 1836 ein arger Husten plagte, empfahl ihr ihr Hausarzt eine Kur in Meran, das damals noch im Dornröschenschlaf lag. Der Bürgermeister setzte alle Hebel in Bewegung, damit sich die noble Dame in seiner Stadt wohlfühlte. Das tat sie, erzählte daheim von der Schönheit der Gegend und schwärmte davon, wie viel besser es ihr nun gehe. Bald wurde Meran ein gefragter Kurort für Adelige und Reiche. Zu dieser Zeit wurde auch der Charme dieses von Bergen umgebenen Kleinods geprägt! Das radonhaltige Wasser sowie die verschiedensten naturnahen Anwendungen locken bis heute viele Erholungssuchende an.

Auch wer nicht kurt, ein Besuch Merans gehört zu einem Urlaub in Südtirol. Auf der Promenade vor dem prachtvollen Kurhaus nimmt man gleich zur Einstimmung einen »Hugo« – das derzeitige Südtiroler Kultgetränk aus Holunderblütensaft und Prosecco, garniert mit Minze und Limette. Magischer Anziehungs-

Das Kurhaus in Meran ist ein sehenswertes Zeugnis der Habsburgerzeit und erinnert an die goldenen Zeiten der Kurmetropole.

punkt sind die Lauben. Einfach nur Schaufenster schauen oder sich ein wenig Appetit holen, zum Beispiel in der traditionellen METZGEREI SIEBENFÖRCHER: Schinken, Kaminwurzen und die anspruchsvolle Auswahl an Südtiroler Speck sind hier vom Feinsten. Wer kulinarische Mitbringsel sucht, der darf am Delikatessenladen SEIBSTOCK keinesfalls vorbeigehen. Alles, was ein Feinschmeckerherz höher schlagen lässt, findet sich in dem hübschen Laden. Und Pastafans werden garantiert in der Pastaabteilung fündig.

Zwischen den Genussstationen wechseln sich Schuh-, Mode- und Trachtenläden ab. Eine kleine Kaffeepause? Dann gehen Sie in die Freiheitsstraße ins CAFÉ KÖNIG, das in der vierten Generation von der Familie König und heute von der sympathischen Margret König geführt wird. Auf 200 Quadratmetern kommen Naschkatzen voll auf ihre Kosten. Extrafein ist die Meraner Torte, eine sündige Leckerei aus Mandeln, Himbeermark und Nougat, und die über 50 verschiedenen Pralinensorten. Wer dann die Meraner Szenepeople treffen möchte, der lässt sich in der BAR ROSSINI einen der leckeren Cocktails schmecken.

Pferdefreunde sollten wissen, dass der Meraner Pferderennplatz zu den schönsten und berühmtesten Europas zählt. Bereits 1935 fand auf der Fünf-Kilometer-Bahn das erste Pferderennen statt. Der Ostermontag ist alljährlich ein besonderer Tag: Das Haflinger Galopprennen lockt Besucher aus der ganzen Welt an.

Hunger, mal nicht auf Knödel & Co.? Dann gehen Sie ins RESTAURANT KALLMÜNZ. In der einstigen Remise des gleichnamigen Schlosses im Herzen von Meran ist nicht nur das Design puristisch und kosmopolitisch, auch die köstlichen Gerichte: Der aus Neapel stammende Küchenchef Luigi Ottaiano hat sich einige Japaner in seine Crew geholt, so bekommt man hier sensationelle Sashimi. Aber es gibt auch köstliche Gerichte aus seiner Heimat, die er kreativ verfeinert.

Abertausende von verführerischen Kalorien, attraktiv in feinsten Pralinen und sündigen Torten versteckt, findet man im charmanten CAFÉ KÖNIG.

EIN METZGER MIT LIEBE ZU HEISSEN REIFEN

METZGEREI TELFSER – Karl Telfser

Karl Telfser ist ein ganzer Kerl! Seine großen Leidenschaften sind das Metzgerhandwerk, das er von der Pike auf erlernt hat, und das Motorradfahren. Gleich nach der Lehre ging der unternehmungslustige Karl in das bayerische Landshut, machte dort bereits mit 21 Jahren seine Meisterprüfung, um dann wieder im elterlichen Betrieb in Schlanders zu arbeiten. Aber seine kreativen Ideen konnte er zu Hause nicht verwirklichen, deshalb eröffnete er in Untermais bei Meran seine eigene Metzgerei.

Das war ihm nach einiger Zeit auch zu eintönig, und so pachtete er vor über 15 Jahren den Feinkostladen, in dem er derzeit »noch« zu finden ist. »Mein Laden ist eine Art Tante-Emma-Laden, aber mit hochwertigen Lebensmitteln und in erster Linie mit köstlichem Speck, aromatischen Kaminwurzen und Würsten«, erzählt er. Vorwiegend kommen einheimische Genussmenschen hierher, denn der Laden liegt ein wenig abseits der üblichen Touristenmeile.

Der Laden allein wäre jedoch für den umtriebigen Karl Telfser zu eintönig. Da er selbst gerne Motorrad fährt und die Formel 1 seit seiner Jugend sein großes Hobby ist, ergriff er die Chance, das Catering für das Red-Bull-Team bei den europäischen Formel-1-Rennen zu übernehmen. Aber das ist noch längst nicht alles, seine leckeren Büfetts sind dank der hervorragenden Qualität seiner Produkte im In- und Ausland geschätzt.

Ja, und dann ist da noch was: Karl Telfser ist einer der Pioniere, der sich für das Projekt Laugenrind starkmacht. Mittlerweile haben sich 50 Bergbauern dieser Initiative angeschlossen. Das Laugenrind ist eine alte Grauviehrasse, die vor allem im Ultental, Deutschnonsberg und im Vinschgau beheimatet ist. Der Name stammt vom Berg Laugen (2434 Meter Meereshöhe), der ein Meraner Wahrzeichen ist. Echte Laugenrinder weiden im Sommer auf den Almen und leben im Winter artgerecht. Karl Telfser besucht die Bauern, vermarktet das Fleisch und hat mit einigen Sterneköchen schmackhafte Gerichte entwickelt, die er in Gläser gefüllt verkauft. Und natürlich verwöhnt er damit auch seine Formel-1-Piloten: Vielleicht fahren sie deshalb so schnell …

▸ Schon wieder auf dem Sprung: der quirlige Karl Telfser mit seinem feinwürzigen Südtiroler Speck auf dem Rücken.

scegli la passione

TRADITION UND VISION

GENUSSMARKT PUR und MERANER WEINHAUS

Zufällig entdeckte ich während des MERANO WINEFESTIVALS 2010 im Kurhaus einen neuen Laden: den GENUSSMARKT PUR. Neugierig durchstöberte ich den naturnah gestalteten Raum. Neben einer großen Auswahl an Südtiroler Weinen fand ich feinste Südtiroler Produkte: Marmelade, Honig, Brot, Kräutertee, Käse und richtig guten Bauernspeck. Die Idee für den GENUSSMARKT hatten Günther Hölzl und Ulrich Wallnöfer, und als ich mich mit ihnen verabredete, verstand ich nicht ganz, weshalb wir uns im MERANER WEINHAUS treffen sollten!

Bald aber erfuhr ich, dass das WEINHAUS die Keimzelle ihrer Aktivitäten ist: Das WEINHAUS, das Günther Hölzls Eltern 1977 gegründet hatten, bietet heute die größte Auswahl an Südtiroler Weinen, daneben viele Weine aus aller Welt! Bereits 2004 wurde sie zur besten Vinothek Italiens gekürt! In der schicken Vinothek stehen 2000 Weine und 500 Destillate zur Auswahl. 40 Weine kann man täglich offen verkosten. Obwohl es sehr technisch klingt, dass man erst ein Ticket erwerben muss, um sich eine Weinprobe zu zapfen, ist die supermoderne Weintheke mit der Stickstoffanlage ein Hingucker. Für Weinliebhaber ist es wichtiger, dass die Weine nicht abgestanden sind. Für alle, die mehr wissen möchten, stehen freundliche und kundige Berater bereit.

Im PUR, dem Genussmarkt, finden Feinschmecker vieles, was Südtirol an hochwertigen einheimischen Produkten zu bieten hat. Fachmännische Beratung ist garantiert. Umweltfreundlich unterwegs: Sommelier Günther Hölzl

»Aber zu Essen gibt es hier nichts?«, frage ich. »Nein, denn dafür gibt es ja das PUR, dort kann man aus einem breit gefächerten Sortiment von 1400 natürlich hergestellten Südtiroler Lebensmitteln auswählen und, falls man Appetit bekommt, an der Theke auch was essen und ein Gläschen Wein trinken.«

Gut – sauber – fair: Diese Slow-Food-Werte waren von Anfang an die Leitmotive für die beiden. Günther Hölzl ist diplomierter Sommelier, und bevor er 1992 das MERANER WEINHAUS von seinen Eltern übernahm, sammelte er Erfahrungen bei Dallmayr in München und bei Lageder. Ulrich Wallnöfers Eltern hatten dagegen stets einen Lebensmittelladen gehabt. Er studierte Betriebswirtschaft, ging dann nach Deutschland, um in völlig anderen Bereichen zu arbeiten. Wie so viele Südtiroler zog es auch ihn irgendwann zurück in die Heimat. Über ihre Ehefrauen lernten sich Hölzl und Wallnöfer kennen, und entwickelten die Idee, hochwertige heimische Produkte modern zu präsentieren und zu vermarkten.

Der Erfolg gibt ihnen Recht, aber auf den Lorbeeren ruht sich das Team beileibe nicht aus. Ständig sind sie auf der Suche nach Spezialitäten ihrer Heimat, aus denen sie gemeinsam mit den Herstellern neue Produkte kreieren. So entstand unter anderem »S'Pom«, ein spritziger Apfelsekt aus Bergäpfeln vom Ritten.

»Innovation heißt für uns Kooperation«, erklärt mir Ulrich Wallnöfer, und Günther Hölzl fügt hinzu: »Wenn man bedenkt, dass Südtirol zehn Prozent der europäischen Äpfel produziert, dann muss man diese doch weiterverarbeiten. Neben dem Apfelsekt haben wir einen köstlichen Apfelriegel entwickelt, mit einem Fruchtanteil von 70 Prozent. Eine wohlschmeckende Alternative zu den ungesunden, zuckersüßen Snackriegeln. Und so machen wir weiter, denn das Entdecken und Weiterentwickeln unserer traditionellen Lebensmittel macht uns Spaß!«

Sinniert er über neue Produkte? Vertriebs- und Marketingexperte Ulrich Wallnöfer

BLÜHENDE GÄRTEN UND LUXUSAUSSICHT

Die Gärten TRAUTTMANSDORFF und CASTEL FRAGSBURG

Dass in den Gärten TRAUTTMANSDORFF selbst exotische Pflanzen so prächtig gedeihen, liegt am milden Klima Merans. Das ist keine neue Erkenntnis, schon zu Zeiten von Königin Elisabeth von Österreich, im 19. Jahrhundert, gab es in Meran üppig blühende Gartenanlagen.

Der Touristenmagnet, die Gärten TRAUTTMANSDORFF, wurde 2001 unter dem Schloss TRAUTTMANSDORFF eröffnet. Die Initiative für dieses riesige Projekt ging von dem Gartenliebhaber Manfred Ebner aus und wurde politisch und leidenschaftlich von Landeshauptmann Luis Durnwalder unterstützt, der resümierte: »Die Gärten von TRAUTTMANSDORFF sind ein Juwel, das die Natur mit allen Sinnen erfasst. Südtirol ist es gelungen, einen botanischen Garten von internationalem Format zu schaffen, in dem Natur, Kunst, Kultur und Architektur eine einzigartige Verbindung eingehen.« Wenn schon der Landesvater und mittlerweile über 2 Millionen Besucher so begeistert sind, dann dürfen Sie es nicht versäumen, auch einmal durch diesen schönsten Garten Italiens zu bummeln und sich an den Farben und den Düften zu erfreuen. Vier »Gartenwelten« helfen dem Besucher, sich besser zurechtzufinden. So ist der Südhang mit den wohl nörd-

Blühende Gärten und eine faszinierende Pflanzenwelt, umrahmt von hohen Bergen, und nur wenige Minuten von der Altstadt Merans entfernt: die Gärten TRAUTTMANSDORFF.

lichsten Olivenbäumen Europas bepflanzt, eskortiert von Pinien, Zypressen und Korkeichen. Kleine Wasserfälle und Bächlein führen zu einem fantastischen Seerosenteich und von der Seebühne erblickt man Lotosblüten und einen exotischen Palmengarten. Und wenn ich das leuchtende Blütenmeer des Rosengartens vor Augen habe, dann kann ich mich schier nicht sattsehen und -riechen. Mein Tipp: Kommen Sie am besten am Morgen, um die grüne Oase in Ruhe zu genießen, bevor die Busse Menschenmassen ausspucken.

Vom Freudenreich der Sinne ist es nur ein Katzensprung zu einem der apartesten Hotels Südtirols: CASTEL FRAGSBURG. Schon die Anreise zu dem über Meran gelegenen Jagdschloss, das wohlig eingebettet zwischen Obst- und Weingärten liegt, ist ein Erlebnis. Das kleinste Luxushotel des Alpenraums liegt malerisch auf einem Felsvorsprung und bietet grandiose Ausblicke auf Meran und die Berge, die das Städtchen umgeben. Erbaut wurde das Jagdschloss 1630. Seit 1954 ist es in Besitz der Familie Ortner, die seither immer wieder renovierte, um den heutigen Ansprüchen an ein Luxushotel gerecht zu werden. Jedoch war man stets darauf bedacht, den ursprünglichen Charme zu erhalten. Alexander Ortner führt das »Relais & Châteaux Hotel« mit sehr viel Herzlichkeit und sorgt mit seinem Team dafür, dass es seinen Gästen garantiert an nichts fehlt. Ein Glas Wein auf der schwindelerregenden Terrasse, ein exquisites Menü, zubereitet vom Sternekoch Luis Haller auf der Veranda, ein Spaziergang im gepflegten Park, entspannen im einzigartigen Spa oder einfach nur in den stilvollen, geräumigen Zimmern ein Buch lesen – auf der FRAGSBURG bleiben keine Wünsche offen. Schade, dass ich wieder mal keine Zeit hatte, das alles zu genießen, aber ich hole es garantiert nach!

In schwindelnder Höhe über Meran: Alexander Ortner, der Besitzer des CASTEL FRAGSBURG und sein Sternekoch Luis Haller. In herrlicher Luft, umgeben von einem traumhaften Park mit einem sensationellen Blick auf Meran – so genießt man in der FRAGSBURG.

ERLESENE WEINE IM PRACHTVOLLEN KURHAUS

Merano WineFestival – Dr. Helmuth Köcher

Mit 18 habe ich einmal in Meran Urlaub gemacht – und beschlossen, erst wieder zu kommen, wenn ich in Rente bin, um besser zu den betagten Gästen zu passen. Es kam anders! 1993 wurde ich von Winzern darauf aufmerksam gemacht, dass im Meraner Kurhaus europäische Spitzenwinzer ihre Weine präsentieren, und das wollte ich nicht versäumen. Seither bin ich fast immer Anfang November beim MERANO WINEFESTIVAL und habe das Städtchen mittlerweile ins Herz geschlossen. Im Laufe der Jahre habe ich den Präsident des Festivals kennengelernt, und ich bat ihn, mir zu erzählen, wie das alles begonnen hatte.

»So etwas kann nur aus einer großen Liebe zum Wein entstehen!«, beginnt Helmuth Köcher. »Mein Interesse an Wein erwachte nach einer Reise ins Bordeaux. Ich war begeistert, und als ich zurückkam, schwärmte ich meinem Schulfreund Hans Innerhofer von diesen großen Weinen vor. Der war aber, was das Gourmetwissen betrifft, ein Stückchen weiter und infizierte mich noch mehr. Alles, was gut und teuer war, ließen wir uns damals schmecken, und bei diesen Genussorgien kamen wir auf die Idee, in Meran mal was ganz Besonderes zu machen. Wir holten Dr. Othmar Kiem ins Boot und organisierten 1992 im »Hotel Palace« das erste MERANO WINEFESTIVAL, zugleich gründeten wir einen Gourmetclub. Da es gut anlief, verlegten wir die Veranstaltung, trotz diverser kommunaler Schwierigkeiten, ins Kurhaus.

1993 präsentierten zum ersten Mal 50 persönlich anwesende Winzer ihre Spitzenweine im wunderschönen Kursaal des Kurhauses! Das kam beim Publikum sensationell an, und es war der Grundstein für das erfolgreiche Weinevent. Unser Dreigestirn hat sich aus persönlichen und beruflichen Gründen aufgelöst, und seit einigen Jahren kümmere ich mich mit einem guten Team um die aufwendige Organisation des Events. Die Bilanz von 2011: 450 italienische und internationale Winzer und Foodproduzenten und über 5000 Besucher in drei Tagen.«

»Worin unterscheiden sich das Weinfestival von damals und heute?« – »Am Anfang war es eine elitäre Veranstaltung für Topwinzer – heute ist es zudem ein Sprungbrett für neue Winzer!«

▸ Dr. Helmuth Köcher, der Präsident des MERANO WINEFESTIVALS blickt über den Glasrand hinaus und lädt Jahr für Jahr Anfang November zu einem sensationellen Weinevent in das Kurhaus ein.

ANNO·DOM·MCMXIV

DAS EISACKTAL

mit den Nebentälern Wipptal, Pflerschtal,
Ridnauntal, Pfitschertal, Villnösser Tal und Grödnertal

Gasthof zum Stern

»KETSCHN«, TÖRGGELEN UND BEACHTENSWERTE WEISSWEINE

Das alles und vieles mehr erwartet Sie im Eisacktal

Kurz nach dem Brenner entspringt die Eisack. Ihr Lauf windet sich 80 Kilometer mit beachtlichem Gefälle bis Bozen, wo sie in die Etsch mündet. Die Eisack ist der zweitlängste Fluss Südtirols – und sie gibt dem Eisacktal seinen Namen. Das malerische Fuggerstädtchen Sterzing auf 948 Metern Meereshöhe ist die nördlichste Stadt Italiens und der Hauptort des Wipptals. Mit seinem mittelalterlichen Flair und den schicken Läden ist es absolut einen Besuch wert. Vor allem für Wanderer und Mountainbiker lohnt sich ein Abstecher ins schöne Ridnauntal, ins Ratschingstal und ins Jaufental. Auf ihrem Weg in Richtung Bozen säumen mächtige Burgen, Schlösser und Klöster die Ufer der Eisack, wie zum Beispiel die Franzensfeste, Schloss Velthurns, Kloster Säben und die Trostburg – um nur einige zu nennen. Keinesfalls vorbeifahren sollte man an dem pittoresken Künstlerstädtchen Klausen, dessen historische Altstadt ein wahres Kleinod ist.

Wenn die sanfte Oktobersonne das Eisacktal in leuchtende Farben taucht und die Weinlese abgeschlossen ist, dann beginnt der alte Brauch des Törggelens. Nach einer uralten Tradition öffnen zu dieser Zeit die Buschenschänken (das sind Schänken in den Weinbaugebieten, die selbst erzeugten Wein anbieten) ihre Türen, um den »Susen« (den jungen Traubensaft) zu verkosten und ein wenig später dann den »Nuien« (den gerade vergorenen Wein). Das war und ist aber keine Verkostung im eigentlichen Sinne, sondern ein lockeres geselliges Beisammensein, bei dem die schwarz gerösteten »Ketschn« (Maronen), Schüttelbrot, Hauswürste, Speck und Käse nicht fehlen durften. Auch heute noch wird gerne von einer Buschenschänke zur anderen gewandert, die häufig Landgasthöfe sind, und die einstmals ruhige Wanderung gleicht oftmals einer Völkerwanderung.

Wer das Eisacktal in Ruhe genießen möchte, kommt zu einer anderen Jahreszeit oder wandert abseits der ausgewiesenen Ketschnwege! Mein Tipp: Trinken sie die exzellenten Weißweine des Eisacktals, wenn sie fertig vergoren und gereift sind! Viele hochkarätige Eisacktalwinzer begeistern Weinliebhaber weltweit mit ihren finessenreichen Weißweinen.

◂ Hinter der Kirche des Dörfchens Mareit erhebt sich Schloss Wolfsthurn, dessen Mauern seit 1996 das Südtiroler Landesmuseum für Jagd und Fischerei beherbergen.

SELBSTVERSORGER DER ERSTEN STUNDE

PRETZHOF – *Ulli und Karl Mair*

»Wir machen auf dem PRETZHOF das, was Bergbauern eigentlich immer gemacht haben: Lebensmittel herstellen auf hohem Niveau, für die eigene Familie, die Mägde und die Knechte. Meine Frau und ich machen das seit über 30 Jahren für uns, unsere Kinder und für unsere Gäste.« So beginnt Karl Mair zu erzählen. Als er 1979 den Bergbauernhof übernahm, standen erst einmal Renovierungsarbeiten an. Da der Hof unter Denkmalschutz stand, war das nicht einfach und auch sehr kostenintensiv. Also musste überlegt werden, wie man alles finanzieren könnte, und vor allem auch, wie man drei Generationen mit dem Ergebnis ernähren kann.

Das Konzept hatte das weitsichtige Ehepaar Mair damals schon klar vor Augen: eine gut funktionierende Landwirtschaft, eine eigene Metzgerei, eine Almkäserei, einen Hofladen und ein Gasthaus mit guter Küche. Das klingt alles ganz einleuchtend, aber 1979 war die Idee eines Selbstversorgerhofes ganz und gar nicht so aktuell, wie sie es heute wieder ist. Hinzu kam, dass man die Gäste erst mal herauflocken musste, es sind immerhin fast 20 Minuten von der Autobahnausfahrt Sterzing bis zum PRETZHOF. Doch was gut ist, das spricht sich herum; und heute ist der Parkplatz, wann immer man zum PRETZHOF kommt, voll. Doch wenn Ulli und Karl zurückdenken, sagen sie schon: »Leicht war es nicht! Aber wir glaubten fest an unsere Vision, und rückblickend können wir sagen, dass wir uns selbst bewiesen haben, dass man am Berg mit hochwertigen, ehrlichen Produkten und mit Leidenschaft Menschen aus ganz Europa anziehen kann«, sagt Karl und fügt hinzu: »Unser Motto lautet: Heimisch und natürlich! Das ist es, was unsere Gäste wollen. Wir können über unsere Lebensmittel Gschichtl erzählen; und alles, was wir herstellen, ist für unsere Gäste transparent.«

Naturschutz und Umweltschutz sind für die Mairs enorm wichtig, deshalb erzeugen sie den Strom, den sie benötigen, durch Wasserkraft selbst und heizen mit Holz aus dem Wald. Das ist nicht nur umweltfreundlich und nachhaltig, es macht auch unabhängig.

▸ Stolz ist Karl Mair auf seine Schweine, die – wie man sofort sieht – wohlgenährt sind und sich sichtlich wohlfühlen.

Was wäre Essen ohne Wein?

Weinkenner wissen: Der PRETZHOF ist nicht nur eine Superadresse für gutes Essen, sondern auch für Spitzenweine. »Wie kam es dazu?«, frage ich Karl. »Wein ist für mich pure Leidenschaft«, beginnt er. »1982 habe ich einen Sommelierkurs gemacht. Bis dahin dachte ich, dass ich mich ganz gut auskenne, danach war mir klar, ich weiß nichts! Und damit begann meine große Weinleidenschaft! Für mich ist guter Wein Genuss und Lebensqualität, aber auch Investition. So gut unsere Küche ist, viele Gäste kommen auch, weil es bei uns hervorragende Weine gibt. Damit es so ist, wie es jetzt ist, braucht es Zeit. Ein Weinkeller muss über Jahrzehnte wachsen, man muss richtig einkaufen und ihn auch beherrschen. Meine Gäste können Jahrgänge großer Weine trinken oder kaufen, die sie sonst kaum noch bekommen«, erzählt Karl mit leuchtenden Augen. »Durch den Wein habe ich großartige Winzer kennen- und schätzen gelernt und mit vielen verbindet mich eine Freundschaft!« Als ihm angeboten wurde, den Weinhandel für deutsche und österreichische Topwinzer zu übernehmen, lehnte er zuerst ab. Seine kluge Frau Ulli hingegen meinte: »Aber wenn du dann die Weine unserer Freunde über einen Importeur zugeteilt bekommst, dann blutet dir das Herz, deswegen machen wir es selbst.« Ja, und seither gibt es die PRETZHOF SELECTION, die diese Spitzenweine in Italien vermarktet. Bei einem Besuch in Österreich hielt er zum ersten Mal ein Zaltoglas in der Hand, das Weinpfarrer Hans Denk entwickelte und eine Glasmanufaktur im Weinviertel produziert. »Die waren so dünn und so leicht, ich war total begeistert!« Seither trinkt man im PRETZHOF aus diesen edlen Gläsern – und raten Sie mal, wer die Gläser in Italien vertreibt?

Karl Mair zählt zu den erfahrensten Weinkennern Südtirols! Sein Keller ist nicht nur mit heimischen Weinen, sondern auch mit grandiosen Gewächsen aus Deutschland, Österreich, Frankreich und natürlich aus ganz Italien bestückt.

Als Ulli Mair mal einen Moment Zeit hat, will ich wissen, wo sie so sensationell kochen gelernt hat. »Gelernt habe ich es eigentlich nicht, ich habe es abgeschaut von meiner Großmutter, die zwischen Corvara und Cortina d'Ampezzo lebte. Es begeisterte mich schon als Kind, wie sie es schaffte, aus nichts etwas Gutes zu machen, und bis heute ist sie mein großes Vorbild. Aber ich habe nicht von Anfang an hier gekocht. Karl und ich lernten uns 1979 kennen, und als er dann den Hof übernahm, kochte seine Mutter. Ich arbeitete hauptberuflich in einem Reisebüro in Sterzing. Jeden Mittag bin ich rauf zum Hof, half der Mutter in der Küche, dann wieder runter ins Tal und abends wieder rauf.« Karl wirft ein: »Wir hatten ja kein Geld, darum war die Arbeit von Ulli sehr wichtig!« Ulli entgegnet: »Mir hat aber meine Arbeit im Reisebüro auch sehr viel Spaß gemacht, dennoch haben wir 1983 entschieden: Es reicht mit der Doppelbelastung. Zu der Zeit fing ich an, selbst zu kochen, da es der Mutter zu viel wurde.« – »Wie würden Sie Ihren Kochstil beschreiben?«, frage ich sie, und ohne lange zu überlegen, antwortet Ulli Mair: »Ich kann meinen Kochstil nicht beschreiben, geschweige denn beurteilen, ich koch', wie ich koch'! Mein Kochen ist geprägt von meiner Großmutter und von den Produkten, die auf unserem Hof erzeugt werden. Daraus entwickele ich dann meine Gerichte!« Klingt so einfach, aber wer die schmackhafte heimische Küche von Ulli Mair kennt, weiß, welche Künstlerin sie am Herd ist. Dazu dank Karl der passende Wein und erholsame und genussvolle Stunden sind garantiert.

Speck und Käse werden, wie es sich für einen Selbstversorgerhof gehört, natürlich direkt auf dem PRETZHOF hergestellt. Und wenn Karl Mair seine glücklichen Kühe betrachtet, dann ist für ihn die Welt in Ordnung.

GENIESSERSTOPP VOR DER HEIMREISE

Der HOFER MARKET

Haben Sie auch vermutet, so wie ich, dass der HOFER MARKET in Sterzing eine Filiale der Hofer-Märkte, also von Aldi Österreich ist? Doch immer wieder haben mir Weinfreaks von diesem Markt vorgeschwärmt, nun wollte ich mich mal selbst überzeugen. Bereits nach wenigen Minuten ist mir klar: das ist keine Aldi-Niederlassung. Ich spaziere die Weinregale entlang und entdecke Etiketten von Topwinzern aus ganz Italien, eine beeindruckende Abteilung mit Cognac und Whisky, erlesene Champagner und Spumanti. Ein paar Meter weiter verlockende Spezialitäten aus *bella Italia*: hochwertige Pasta, feinster Riso, knusprige Grissini, eingelegte Früchte und Gemüse, Schinken, Salami und, und, und …

»Wie kamen Sie auf die Idee, einen nicht so alltäglichen Supermarkt zu eröffnen?«, frage ich Toni Hofer, der gemeinsam mit seiner Schwester Veronica das lukullische Paradies betreibt. »Meine Großeltern hatten schon in den Zwanzigerjahren ein kleines Lebensmittelgeschäft im Zentrum von Sterzing. Mein Vater ging seinen Eltern zwar zur Hand, übernahm aber gleichzeitig eine Weinhandlung, weil Wein seine große Leidenschaft war. Nachdem die Großeltern in den verdienten Ruhestand gegangen waren, hat mein Vater rasch erkannt, dass ein Kramerladen in der Altstadt nicht die Zukunft für ihn sein konnte. Selbstbedienungsläden hieß damals die Zukunft! 1969 eröffnete er genau hier, am Stadtrand von Sterzing, den ersten Supermarkt.« Toni Hofer fügt schmunzelnd hinzu: »Das bedeutet, dass der HOFER MARKET älter ist als die Hofer-Kette in Österreich.«

1979 stieg Toni Hofer in den florierenden Betrieb seines Vaters ein, aber bald darauf schossen Supermärkte wie Pilze aus dem Boden. »Deshalb überlegten mein Vater und ich, wie wir dem Markt ein besonderes Image verleihen könnten. Wein – das war's. Denn der faszinierte uns beide. Wir besuchten Winzer, um unser ganz spezielles Sortiment an hochwertigen Weinen zusammenzustellen, und dabei stand und steht bei uns nicht die Quantität, sondern die Qualität im Vordergrund. Das trifft nicht nur auf den Wein zu, auch bei Olivenöl liegt der Qualitätsanspruch hoch, wobei wir aber selbstverständlich immer und bei allem darauf achten, dass Preis und Leistung stimmen.«

»Mir ist aufgefallen, dass Sie eine riesige Auswahl erstklassiger Whiskys haben. Wie kommt das, Herr Hofer?« – »Ehrlich gesagt, ist das meine ganz persönliche Vorliebe! Deshalb habe ich immer wieder verschiedene Whiskys verkostet und dabei peu à peu unser Angebot ausgebaut. Die Nachfrage ist beachtlich, denn was kaum jemand weiß, bis vor zehn Jahren war Italien der größte Malt-Whisky-Importeur weltweit.«

Was mir im HOFER MARKET wirklich gut gefällt, ist neben den fachkundig ausgewählten Weinen und Produkten aus ganz Italien die profunde und herzliche Beratung, sei es beim Wein oder an der Käse- und Schinkentheke. Das ist sicherlich mit einer der Gründe, weshalb fast 80 Prozent der Kunden Stammkunden sind, aus Italien, Österreich und Deutschland. Und an den Kassen, über die Schwester Veronica wacht, stehen freundliche Helfer parat, um die gekauften Köstlichkeiten ordentlich zu verpacken und, wenn es viel ist, auch noch zum Auto zu bringen. Hier ist der Kunde tatsächlich noch König!

Alles, was ein Feinschmeckerherz begeistert, insbesondere wenn es für *bella Italia* schlägt, findet man kurz vor der Heimreise am Stadtrand von Sterzing. Ein Stopp lohnt sich!

FINESSENREICHE WEINE UND NOCH VIEL MEHR …

Kloster Neustift – Abbazia di Novacella

Es war Ende der Achtzigerjahre, als ich die Weine der STIFTSKELLEREI NEUSTIFT zum ersten Mal verkostete. Insbesondere Sylvaner und Kerner mundeten mir sehr, daher beschloss ich, irgendwann auf meinem Weg von München zum Gardasee die Ausfahrt Brixen zu nehmen, um die Kellerei zu besuchen. Es sollten gut 20 Jahre vergehen, bis ich das endlich schaffte! Warten Sie nicht so lange, denn das Augustinerchorherrenstift ist einen Abstecher wert, nicht nur der Weine wegen.

Seit seiner Gründung durch Bischof Hartmann von Brixen im Jahre 1142 ist das Kloster wichtiges Zentrum des religiösen und kulturellen Lebens Südtirols. Wer jedoch vermutet, dass hinter den Klostermauern nur gebetet und meditiert wird, der irrt ganz gewaltig, obwohl das auch getan wird. »Das Chorherrenstift ist ein wirtschaftliches Unternehmen«, erklärt mir Urban von Klebelsberg. »Neben der Kellerei mit den nördlichsten Weinbergen südlich der Alpen gehören Wälder, je ein Landwirtschaftsbetrieb in Bozen und bei Girlan, ein Klosterladen, ein gemütlicher Stiftskeller, ein Schülerheim, eine Bildungs- und Tagungsstätte, ein historischer Stiftsgarten, eine wunderschöne Basilika und noch einiges mehr zum Klosterbesitz«, fährt der vielbeschäftigte Verwalter fort. Es war schon eine große

Malerisch liegt das Chorherrenstift der Augustinermönche in Neustift. Die Basilika, die Bibliothek, aber ebenso der historische Stiftsgarten sind sehenswert.

Herausforderung für ihn, als er 1987 die Stelle des Verwalters von Kloster Neustift übernahm, dessen oberste Leitung in der Hand des Konvents und der Vollversammlung der Äbte liegt.

»Bevor wir unsere Weine im Stiftskeller verkosten, möchte ich dir noch die beeindruckende Bibliothek und die Stiftskirche, die harmonisch sieben Jahrhunderte und drei Baustile vereint, zeigen«, schlägt Urban von Klebelsberg vor. Allein deretwegen lohnt es sich, hierherzukommen. Sehenswert ist auch der historische Stiftsgarten! Nachdem wir noch die Weinlagen, die einem Amphitheater gleichen, sehen durften, machen wir uns auf den Weg in den Stiftskeller. Was da ins Glas geschenkt wird, bereitet auch den Augustinermönchen eine irdische Freude.

Großartig ist seit vielen Jahren der Kerner. Die Weißweinrebsorte wird zwar erst seit Anfang der Achtzigerjahre im Eisacktal angebaut, sie wurde aber bereits 1992 ein Eisacktaler DOC-Wein. Der Sylvaner aus der Premiumlinie Praepositus begeistert ebenfalls mit seinem Aromenspektrum und seiner Komplexität. Auch Rebsorten wie Grüner Veltliner, Riesling oder Müller-Thurgau gedeihen hier auf Meereshöhen zwischen 600 und 900 Metern ebenso prächtig. Dank der Weinlagen bei Girlan und rund um das Kloster Maria Heim im Bozner Talkessel gehören auch Lagrein und Vernatsch zum Portfolio der ABBAZIA DI NOVACELLA.

Den großartigen Ruf, den die Klosterweine international erreicht haben, verdanken die Augustinermönche dem leidenschaftlichen Stiftsverwalter Dr. Urban von Klebelsberg und seinem hochgeschätzten Önologen Celestino Lucin. Nach dem Besuch stelle ich fest: Kloster Neustift ist weit mehr als nur ein geschichtsträchtiges kirchliches Denkmal!

Dr. Urban von Klebelsberg hat Grund zur Freude: Die Weine von Kloster Neustift sind gefragt, dank ihm und seinem Önologen Celestino Lucin.

DER KÄSEKÖNIG SÜDTIROLS

DeGust – Hansi Baumgartner

Wo immer in Südtirol anspruchsvolle Gastlichkeit gepflegt wird, serviert man zum Abschluss die exquisiten Käsesorten von Hansi Baumgartner. Dabei macht Hans Baumgartner keinen Käse! Er kauft ihn von kleinen, ehrlichen Käsereien, um ihn – nach seinem persönlichen Empfinden – entweder in Wein zu baden, in Heu reifen zu lassen oder mit Almblüten oder Trestern einzureiben. Denn mitentscheidend für ein außergewöhnliches Käsearoma ist die richtige Reifezeit – ähnlich einem guten Wein.

Einen beachtlichen Ruf in ganz Südtirol hatte sich der gelernte Koch bereits mit seinem Restaurant PICHLER in Mühlbach erarbeitet, das er mit seinen beiden Brüdern 20 Jahre lang führte. Schon damals war Experimentieren seine Leidenschaft, ebenso wie sein unbeirrbares Streben nach stetig besseren Qualitäten.

»Gute Almkäse gab es in Südtirol immer, das ist naheliegend bei den vielen Almen, aber mir fehlte die Vielfalt. Und so kam mir die Idee, unsere großartigen, handwerklich hergestellten Käse zu verfeinern. Was in Frankreich längst üblich war, nämlich Käse zu affinieren, war in Südtirol noch ziemlich unbekannt. Mich reizte es, aus einer hochwertigen *materie prima,* dem Ausgangsprodukt, etwas noch Feineres herzustellen.«

Der Anfang einer neuen Karriere! Und obwohl viele Genießer traurig waren, als er sein wunderbares Restaurant mit der exzellenten Küche schloss, freuen sie sich heute, dank ihm die spannende Welt der Käsevielfalt kennenzulernen. In seinem Laden, mitten im Industriegebiet in Vahrn, lagern die einzigartigen Käseexemplare in einem luft- und feuchtigkeitskontrollierten Raum, vergleichbar einem noblen Humidor. Wer da nicht schwach wird, der muss eine Käseallergie haben!

Da der gefragte »Milchgoldschmied«, wie er sich selbst bezeichnet, oft unterwegs ist, kümmert sich seine charmante Gattin Edith um den Laden mit den etwa 200 verschiedenen Käsesorten. Aber was heißt hier Laden? Während ich mit Udo Bernhart das verlockende Käseparadies inspiziere, sitzt eine Gruppe deutscher Gäste im dazugehörenden Degustationsraum und *La Signora* Edith erklärt, woher der Käse stammt, wie ihn ihr Mann veredelte und welcher Wein dazu eine *bella figura* macht. Man könnte eine Stecknadel fallen hören, so aufmerksam sind die Gäste! Man spürt: Frau Baumgartner ist superstolz auf ihren Mann.

BOLLITO MISTO

Rezept vom TURMWIRT

Für 6 PERSONEN

FÜR DEN BOLLITO MISTO
2 große Fleischknochen
2 l Wasser
Salz
einige schwarze Pfefferkörner
500 g Rinderbrust
1 gepökelte Rinderzunge
1 Cotechino (italienische Kochwurst)
2 Karotten
2 Stangen Staudensellerie
6 mittelgroße mehligkochende Kartoffeln, geschält

FÜR DIE SALSA VERDE
1 Bund glatte Petersilie, die Blättchen abgezupft
2 Essiggurken
1 hart gekochtes Ei, geschält
½ Zwiebel, geschält
1 Karotte
2 Knoblauchzehen, geschält
1 TL Kapern
2 Sardellen
2–3 Oliven
1 Stange Staudensellerie
Salz
Weißweinessig
etwa 200 ml Olivenöl extra vergine

Die Knochen in einen Topf geben, mit dem Wasser begießen und salzen. Die Pfefferkörner hineingeben. Das Wasser zum Kochen bringen und etwa 30 Minuten köcheln lassen. Dann das Rindfleisch und die Rinderzunge hinzugeben und bei schwacher Hitze etwa 1 Stunde köcheln lassen. Nun den Cotechino, die in grobe Stücke geschnittenen Karotten und den ebenfalls grob geschnittenen Staudensellerie sowie die in Stücke geschnittenen Kartoffeln hinzufügen und alles weitere 30–40 Minuten fertig garen.

Für die Salsa verde alle angegebenen Zutaten mit Ausnahme des Salzes, des Essigs und des Olivenöls durch den Fleischwolf drehen oder im Mixer nicht zu fein pürieren. Das Püree in eine Schüssel geben, mit etwas Salz und Essig abschmecken und so viel feinstes Olivenöl unterrühren, bis eine cremige Sauce entsteht.

Die Zunge häuten. Die Zunge und den Cotechino schräg in Scheiben schneiden. Das Fleisch ebenfalls in Tranchen schneiden. Alles mit dem mundgerecht geschnittenen Gemüse und den Kartoffeln in der Brühe anrichten. Die Salsa verde separat dazu reichen.

SCHAFE MIT DURCHBLICK

Das Villnösser Brillenschaf

Im GOURMETRESTAURANT STAFLER in Mauls serviert Peter Girtler zum Hauptgang ein Lammgericht, bei dem mir nicht nur die kreative Zubereitung des Sternekochs, sondern auch der Geschmack des Fleischs in guter Erinnerung bleiben werden. Peter Girtler erzählt uns, dass das Fleisch von einer heimischen Schafrasse stammt, die vom Aussterben bedroht war und nun, dank einer Gruppe heimatverbundener Genießer, wieder im Villnösser Tal gezüchtet wird.

Nach einigen Irrwegen durch die traumhafte Landschaft treffen wir schließlich Oskar Messner in seinem Restaurant PITZOCK in St. Peter, wo man übrigens sehr gut essen kann. Er ist Initiator und Gründer der Vereinigung FURCHETTA, die sich um die Erhaltung und Vermarktung des Villnösser Brillenschafs kümmert.

»Was ist nun das Besondere am Villnösser Brillenschaf?«, frage ich Oskar Messner. »Wenn man als Koch anfängt, über das Brillenschaf zu sprechen, dann ist es natürlich zuerst einmal die Qualität des Fleischs. Es ist feinfaserig mit einer würzigen Note und einer dezenten Wildnote, ohne zu ›bockelen‹. Das würde stören, denn viele mögen den Schafgeschmack, der bei älteren Tieren schon mal vorkommen kann, nicht«, erzählt er und fährt fort: »Das Fleisch verkaufen wir auf

So lässt sich ein Schafleben aushalten – hoch droben auf saftigen Almen mit den Dolomiten im Rücken. Oskar Messner, einer der Initiatoren von FURCHETTA.

Vorbestellung an die qualitätsbewusste Topgastronomie. Den Hauptanteil lassen wir jedoch in der kleinen Metzgerei AMORT in Vahrn auf handwerkliche Weise zu Salami, Kaminwurzen oder köstlichem Schinken verarbeiten. Das Villnösser Brillenschaf ist eine der ältesten Schafrassen Südtirols. Typisch für diese Schafrasse ist die schwarze Zeichnung um die Augen, die das Schaf aussehen lässt, als ob es eine Brille trägt. Ursprünglich wurden die Schafe wegen ihrer Wolle, nicht wegen des Fleischs gehalten. Gemeinsam mit meinen zwei Freunden Stefan Unterkircher vom CASTEL RINGBERG in Kaltern und Kurt Niederstätter vom Gemischtwarenladen VONTAVON in St. Magdalena habe ich Bauern motiviert, diese uralte Rasse wieder zu züchten. Heute gibt es wieder an die 2000 Schafe und allein im Villnösser Tal über 600.«

»Weshalb FURCHETTA?«, frage ich. »Das ist der zweithöchste Gipfel der Geislergruppe. Weil der einer dreizackigen Gabel gleicht und Gabel auf Ladinisch *furchetta* heißt, haben wir uns für diesen Namen entschieden. So ergibt sich einerseits eine Beziehung zum Tal und andererseits zum Essen.« Ganz besonders stolz sind Oskar Messner und seine Freunde, dass die Vereinigung *Slow Food* das Villnösser Brillenschaf mit der Auszeichnung »Presidio Slow Food« geehrt hat. Vielleicht werden sich auch bald Schinken, Würste und Co. aus dem Villnösser Brillenschaf mit dem *Slow-Food*-Siegel schmücken können. Bisher scheiterte das lediglich an den verwendeten Gewürzen, die nicht aus Südtirol stammten …

Wer die Schafe in der Traumlandschaft auf den Villnösser Almen gesehen hat, mag nicht daran denken, wie fein der gekochte und in Kräutern marinierte Lammrückenschinken schmeckt oder das Lammragout, das es in Dosen zu kaufen gibt.

So lässt sich gut leben: Man mag beim Anblick der Brillenschafe in freier Natur nicht daran denken, wie aromatisch das Lammfleisch schmeckt.

IN DER DUNKELHEIT ERWACHEN DIE SINNE

BLINDPROBE SENSORIUM

Immer wieder hatte ich meine Teilnahme an der Blindprobe verschoben, obwohl mir Jörg Linke, ein Münchner Weinhändler, wiederholt begeistert davon erzählte. Ich gebe zu, vorwiegend hinderte mich die Furcht, in einem dunklen abgeschlossenen Raum zu sein, weil ich hochgradig klaustrophobisch bin.

»Wie bitte, mindestens zwei Stunden dauert das?«, frage ich ängstlich die Sommelière Christina Hilker, die unser Seminar leitet. Sie versichert mir, dass ich jederzeit den Raum verlassen kann, wenn ich es nicht aushalte. Bevor wir in der Dunkelheit verschwinden, müssen wir noch unsere Handys, Uhren und Schmuck im Vorraum lassen, damit uns kein Geräusch oder Lichtreflex stört. Ich kann mich nicht erinnern, Dunkelheit jemals so stockdunkel empfunden zu haben, und außer dem blinden Florian Deroubaix hat jeder von uns Schwierigkeiten, sich zu orientieren. Es ist schon eigenartig, als wir uns einander vorstellen ohne die anderen Gesichter zu sehen. Anschließend reicht Florian eine Schale mit Flüssigkeit herum, und jeder soll daran schnuppern. Irgendwie ein bekannter Duft, aber keiner kann ihn genau benennen. Man ist ziemlich unsicher, wenn man nur den Geruchssinn einsetzen kann, laufen doch bei sehenden Menschen 70 Prozent der Wahrnehmung über den Sehsinn. Florian lüftet das Geheimnis: Es ist Banane!

Florian platziert etwas vor mir auf dem Tisch und führt meine Hand, um den Gegenstand zu ertasten. Ich fühle ein dickes Holztablett mit Ausbuchtungen, in denen vier Fläschchen stecken. Darin sind verschiedene Weine, die wir in der angewiesenen Reihefolge verkosten sollen. Es ist schon eine geraume Zeit vergangen in dieser totalen Finsternis, und bislang keine Spur von meiner befürchteten Panikattacke. Ganz im Gegenteil fühle ich mich total sicher und entspannt. Das liegt sicherlich an der unglaublichen Ruhe und Sicherheit, die Florian ausstrahlt und die sich auf uns alle überträgt. Die anfängliche Spannung verfliegt, und wir verkosten und diskutieren die entdeckten Aromen. Ob man nun die Rebsorte erkennt oder nicht, ist eigentlich nebensächlich.

Mich fasziniert viel mehr, wie man im Dunkeln doch auf sich selbst vertraut. Kein Verziehen der Mundwinkel, kein abwertender Blick oder Kopfschütteln des Gegenübers lenkt dich ab! Du bist mit dir und deiner Geruchswahrnehmung allein. Das wirkt sich auch auf die Diskussionen über die Weine aus! Ich finde, man geht sensibler miteinander um.

Die zwei Stunden vergehen für mich wie im Flug. Florian begleitet uns dann langsam wieder aus der Dunkelheit in den Vorraum, der uns danach fast grell erleuchtet erscheint. Die Augen müssen sich erst wieder an das Licht gewöhnen.

Welch nachhaltigen Eindruck eine solche Blindverkostung bei jedem Einzelnen hinterlässt, ist sehr unterschiedlich. Bei einem ist es das intensivere Wahrnehmen und Einordnen von Düften zu den jeweiligen Weinen, bei anderen das Vertrauen zum Sehbehinderten, der den ganzen Ablauf im wahrsten Sinne des Wortes »blind« beherrscht, und wieder andere fühlen sich wohl, weil sie den respektvollen Ton schätzen, mit dem man sich in der Dunkelheit über unterschiedliche Weine unterhält. Ein Seminar, das Selbsterkenntnis und Selbstkritik schärft und das ich nur jedem empfehlen kann, auch wenn man sich beruflich nicht mit dem Thema Wein beschäftigt.

Ich kann mir, so wie Florian Deroubaix, der blinde Physiotherapeut und ständige Mitarbeiter beim SENSORIUM Völs, vorstellen, dass man in völliger Dunkelheit ebenso Lesungen, Konzerte oder Skulpturenausstellungen abhalten könnte. Denn: Dunkelheit weckt die Sinne und nichts lenkt vom Wesentlichen ab.

LECKERE PASTA NACH DER BLINDVERKOSTUNG

Die BINDERSTUBE

»Nach der Blindverkostung gehe ich gerne mit den Teilnehmern in die BINDERSTUBE, weil dort Küche und Ambiente anders sind als in den üblichen Gasthäusern«, empfahl mir Jörg Linke. Neugierig gehen wir die wenigen Schritte vom Kirchplatz in Völs zur Dorfstraße. Stimmt, das Ambiente ist tatsächlich anders. Und da kommt uns auch schon Werner Rabensteiner entgegen, der gemeinsam mit seiner Frau Monika das Gasthaus führt, und klärt uns über das moderne, aber anheimelnde Ambiente auf: »Das hier ist mein Elternhaus, und als ich meine Kochlehre beendet hatte, bauten wir es zu einem Restaurant um. Meine Mama half in der Küche, denn meine Frau Monika war Lehrerin in Völs und hatte nicht so viel am Hut mit dem Kochen. Dennoch, wenn sie Zeit hatte, half sie meiner Mutter in der Küche, und so erwuchs ganz allmählich ihre Kochleidenschaft. 1986 beendete sie ihren Schuldienst und löste meine Mama in der Küche ab.« – »Aber weshalb stehen Sie nicht in der Küche, Sie haben doch Koch gelernt?«, frage ich. »Wir haben uns so arrangiert, denn neben dem Kochen interessierten mich immer schon die Weine und der Kontakt mit den Gästen. Meine Frau kocht mit so viel Freude und hat ihren eigenen Stil entwickelt, sodass ich ihr gerne die Küche überlasse!« – »Und wie kommt es nun zu diesem schlichten Wohlfühlambiente?«, frage ich. »Da wir beide sehr naturverbunden sind, haben wir uns entschlossen, das alte Haus völlig abzureißen und ein neues in biologischer Bauweise zu errichten. In der Stube wurden nur Hölzer aus der Region verarbeitet: Zirbel-, Nuss- und Eichenholz. Sie sehen auf den Bänken keine Kissen, und Sie dürfen mir glauben – noch nie hat einer danach verlangt, denn sie sind aus Zirbelholz und fühlen sich daher warm und wohlig an.«

Und dann kommt auch Monika Rabensteiner aus der Küche und serviert uns zwei verschiedene Pastagerichte, sehr mediterran und unglaublich köstlich. Ein Rezept hat sie mir verraten, siehe nächste Seite! Ach ja, sie sollten vielleicht wissen, dass es in der BINDERSTUBE keine Fleischgerichte gibt, aber die vermisst bei Pasta, Knödel, Schlutzkrapfen und raffinierten Salaten ohnehin keiner.

▸ Monika und Werner Rabensteiner von der BINDERSTUBE in Völs am Schlern

MEDOC
JEAN-LUC MAYARD
RESERVA
2004
SEÑORÍO
AMÉZOLA
RIOJA
DENOMINACIÓN DE ORIGEN CALIFICADA
La Forra
RISERVA 2007
CHIANTI CLASSICO
TENUTA DI
NOZZOLE
GRANATO
2007
FORADORI

EIERBANDNUDELN MIT TOMATEN, PINIENKERNEN, OLIVEN UND RUCOLA

Rezept aus der BINDERSTUBE

Für 4 Personen

FÜR DEN NUDELTEIG
185 g Eier (wenn möglich Bioeier)
380 g Hartweizenmehl, Type 405
1 EL Olivenöl
1 Prise Salz

FÜR DEN SUGO
1 Knoblauchzehe, geschält und gehackt
etwas Olivenöl
2 vollreife Tomaten, in Würfel geschnitten
1 Bund Rucola
1 EL Oliven, am besten ligurische Taggiasca-Oliven

ZUM BESTREUEN
2 EL geröstete Pinienkerne

Für den Nudelteig alle angegebenen Zutaten verkneten, bis ein glatter Teig entstanden ist. Diesen kurz ruhen lassen. Den Teig anschließend mithilfe einer Nudelmaschine dünn ausrollen und in Streifen schneiden.

Reichlich Salzwasser zum Kochen bringen.

Für den Sugo den Knoblauch in etwas Olivenöl glasig schwitzen. Die Tomaten dazugeben und kurz mitschwitzen. Dann die grob geschnittenen Rucolablätter und die Oliven hinzufügen und kurz durchschwenken.

Die Nudeln in dem kochenden Salzwasser in wenigen Minuten al dente kochen, dann in ein Nudelsieb schütten und abtropfen lassen. Die Nudeln zum Sugo geben, kurz durchschwenken und mit den gerösteten Pinienkernen bestreuen.

ALTE BURG MIT MODERNEN AKZENTEN

ROMANTIK HOTEL TURM in Völs

Am Fuße des Schlern liegt auf 880 Metern Meereshöhe das hübsche Dorf Völs mit seiner Pfarrkirche, seinem Dorfplatz und seiner Burg, die mehrere Türme hat. In der Burg befindet sich das wunderschöne ROMANTIK HOTEL TURM. Es ist seit langer Zeit magischer Anziehungspunkt für Genießer, Kunstinteressierte, Wellnessfans, Skifahrer und Wanderer.

Karl, der Vater von Stefan Pramstrahler, der heute das schöne Hotel leitet, hatte ein unglaubliches Kunstverständnis und das können die Gäste an allen Ecken und Enden des weitläufigen Burghotels erleben. An die 2000 Ölgemälde, Aquarelle und Lithographien, die man normalerweise nur in Galerien bewundern kann, von Joseph Beuys, Oskar Kokoschka, Paul Klee, Renato Guttuso und vielen mehr schmücken hier ganz selbstverständlich die Wände.

Stefan hat den Sinn für Schönes geerbt, aber anstatt noch mehr Bilder aufzuhängen, beschäftigt er sich mit moderner Innenarchitektur. Die Zimmer sind gestaltet in einem faszinierenden Mix aus Tradition und Moderne – jedes ist anders eingerichtet – aber jedes für sich einzigartig. Im gepflegten Park mit dem weitläufigen Pool und den mediterranen Pflanzen fällt es leicht, den Alltag zu vergessen.

Natürlich darf in so einem Hotel ein Spa-Bereich nicht fehlen. Auch dort ist alles geschmackvoll aufeinander abgestimmt – modern, wo es Sinn ergibt, und Zirbelholz, wo es die Tradition verlangt, wie zum Beispiel beim Heubad. Im Turm kann man »trocken« oder »nass« heubaden, je nachdem, wonach der Sinn steht! Eines steht fest: Anschließend fühlt man sich total entspannt und wahrscheinlich auch ein wenig hungrig. Und das ist gut so!

Denn Stefan Pramstrahler ist nicht nur Hotelier, sondern ein fantastischer Koch, hochgeschätzt in ganz Südtirol! Das RESTAURANT TURM zählt zu den fünf besten Hotelrestaurants Italiens. Auch beim Kochen spürt man Stefans Leidenschaft für die Kombination von Bodenständigkeit und Kreativität. Und das Sympathische ist, dass der quirlige Stefan und seine charmante Frau Katharina trotz der vielen Arbeit immer den Eindruck vermitteln, man sei hier privat zu Gast.

▸ Stefan Pramstrahler ist nicht nur ein perfekter Gastgeber, sondern auch ein begnadeter Koch.

STEINPILZSÜPPCHEN

Rezept von Stefan Pramstrahler, ROMANTIK HOTEL TURM

Für 4 Personen

300 g frische Steinpilze
1 Zwiebel
1 Knoblauchzehe
20 g Butter
125 ml trockener Weißwein
1 l Rinderbrühe
125 ml flüssige Sahne
Salz
frisch gemahlener schwarzer Pfeffer

Die Steinpilze sorgfältig putzen und in Scheiben schneiden. Einige besonders schöne Scheiben für die Dekoration beiseitelegen.

Die Zwiebel und den Knoblauch schälen und in kleine Würfel schneiden. Die Butter in einem Topf zerlassen. Die Zwiebel- und Knoblauchwürfel darin anschwitzen. Die Steinpilze dazugeben und kurz andünsten. Mit dem Weißwein ablöschen und diesen etwas einkochen lassen. Dann mit der Rinderbrühe aufgießen und noch einige Minuten köcheln lassen.

Die Suppe mit dem Stabmixer fein pürieren, die Sahne dazugeben, mit Salz und Pfeffer abschmecken und erneut kurz mit dem Stabmixer aufschäumen.

Die Steinpilzsuppe auf 4 Suppenteller verteilen und mit den restlichen Steinpilzscheiben belegen.

KAFFEERÖSTER MIT LEIDENSCHAFT

CAROMA – *Valentin Hofer*

Dass gerade in Völs am Schlern ein leidenschaftlicher Verfechter feinsten Kaffees eine Rösterei eröffnet hat überrascht! CAROMA ist aber nicht einfach eine Rösterei, nein: Der Kaffeeröster und Kaffeesommelier Valentin Hofer hat sich zum Ziel gesetzt, nicht nur zu verkaufen, sondern seine Kunden, egal ob Privat- oder Großkunden, über das Thema Kaffee umfassend zu informieren. Denn, so sagt er: »Beim Kaffee ist eine profunde Aufklärung das A und O. Obwohl Kaffee weltweit das zweitwichtigste Handelsgut ist, wissen die wenigsten, auch nicht die italienischen Kunden, etwas über das Ausgangsprodukt, die Kaffeebohne. Und dabei ist genau die Bohne das, worauf es ankommt«, erzählt der begeisterte Kaffeeröster. Er fährt voller Enthusiasmus fort: »Viele der fertigen Espressomischungen basieren auf der Robusta-Kaffeebohne, nicht zuletzt, weil die billiger ist und eine schöne *crema* macht. Ein viel eleganteres und finessenreicheres Aroma steckt aber in der Sorte Arabica. Hinzu kommt natürlich das Wissen, woher die Kaffeebohnen stammen und wie sie geerntet werden. Kaffee ist vergleichbar mit Wein, nur mit dem Unterschied, dass wir Wein vor unserer Haustür gedeihen sehen. Die Kaffeepflanze wächst weit weg von uns, und die wenigsten haben daher eine Ahnung, wie dort die Plantagen gepflegt werden und wie es mit der Ernte aussieht. Obwohl jeder von uns tagtäglich seinen Espresso oder Kaffee trinkt, steckt das Wissen darüber noch in den Kinderschuhen.«

»Transparenz ist wichtig«, so lautet das Motto von Valentin Hofer und deshalb kann man in seiner Rösterei auch an speziellen Kaffeeseminaren teilnehmen, die sehr gefragt sind. »Aber«, so erklärt Valentin Hofer, »man kann trotz bester Bohnen noch viel falsch machen, und deshalb biete ich auch Seminare an, in denen ein sehr guter *barista* den Umgang mit Espressomaschinen und vor allem auch das Aufschäumen der Milch bestens erklärt. Denn schlussendlich überzeugt nur das, was in der Tasse den Genießer erfreut.«

Recht hat er – und er hat uns mit seinem Espresso voll überzeugt.

▸ Welche Kaffeesorte ist die aromatischste? Bei CAROMA in Völs erfahren Sie es.

JAMAICA
COFFEE

TRIESTE ITALY

PERGAMINO
TANZANIA
ARABICA
COLOMBIA SUPREMO
Arabica - Nasse Aufbereitung
ARABICA
BRAZIL CERRADO DULCE

HOTEL
POST

DAS PUSTERTAL

mit den Nebentälern Gsieser Tal, Sextner Tal, Höhlensteintal, Antholzertal, Tauferer Ahrntal und Abteital

VON PRESSKNÖDELN, TIRTELN UND PUSTERTALER TRÜFFELN

Heimische Schmankerl – sündig gut!

Wer wandert oder Ski fährt, bekommt Hunger. Vielleicht ist das der Grund, weshalb es im Pustertal so viele gute Wirtshäuser mit einer schmackhaften Küche gibt. Bislang habe ich das Pustertal auf meinem Weg zum Gardasee immer links liegen gelassen, nach einigen Ausflügen in das schöne Tal mit seinen reizvollen Nebentälern muss ich gestehen: Das war ein Fehler.

In fast allen Gasthäusern kann man die heimischen Traditionsgerichte genießen, mal ein wenig deftiger, mal ein wenig feiner. Und neben den Tirteln (in Fett ausgebackene Teigtaschen) und Pressknödeln (gepresste Semmelknödel, meist mit Graukäse gefüllt) spielt die Pustertaler Trüffel eine Hauptrolle. Trüffeln im Pustertal – Sie wundern sich? So werden hier die Kartoffeln genannt, die nach Aussage aller – und ich kann es nur bestätigen – besonders aromatisch schmecken.

Obwohl das Pustertal auch als Skigebiet gefragt ist, zieht es mich eher in der wärmeren Jahreszeit hierher. Für Skifreaks aber ist der Kronplatz das Ziel der Begierde, den man, so scheint es mir, praktisch von überall im Pustertal vor Augen hat. 105 Kilometer super präparierte Pisten auf einer Panoramaplattform, und ich habe mir sagen lassen, dass man auf einer Rolltreppe zur Skipiste gebracht wird! Mich lockte hingegen stärker die außergewöhnliche Naturformation der Erdpyramiden, gleich zu Beginn des Pustertals, oberhalb des Dorfs Terenten, in der Nähe von Vintl. Die eigenwilligen Gebilde entstanden durch ein Unwetter im Jahre 1834, und das Material dieser Säulen stammt aus der letzten Eiszeit. Wenn nicht gerade ein Bus nach dem anderen den Pragser Wildsee ansteuert, ist dieser Minisee, der eingebettet in dichten Wäldern liegt, eine Augenweide. Nebenbei kann man ganz in der Nähe bei ALPE PRAGAS köstliche Fruchtaufstriche aus heimischen Beeren einkaufen. Wie so oft in Südtirol sind die Menschen hier unglaublich kreativ und innovativ, wenn es darum geht, ihre typischen guten Produkte zu erhalten und so zu vermarkten, dass man davon leben kann. Beispiele dafür gibt es auch im schönen Pustertal genug, wie Sie auf den nächsten Seiten entdecken werden.

◂ Ein typischer Südtiroler Bauernhof, hier im Volkskundemuseum Dietenheim bei Bruneck

EIN BUMMEL DURCH BRUNECK

Hauptstadt und Kleinod des Pustertals

Bruneck ist zwar das pulsierende Herz des Pustertals, aber keine Sorge, es geht hier ganz geruhsam zu. Das Städtchen an der Rienz auf 838 Metern Meereshöhe mit seinen 11 000 Einwohnern hat mich tief beeindruckt. Natürlich hat man auch von hier aus den Kronplatz im Blick, aber die malerischen Gassen mit den bunt bemalten Fassaden der historischen Häuser – von Gotik bis Barock – halten gut dagegen. Boutiquen mit schicker Mode, Schuhläden und Delikatessgeschäfte machen einen Bummel durch die Stadt kurzweilig. Ich habe mir sagen lassen, und ich kann es mir nach dem Besuch des bezaubernden Städtchens gut vorstellen, dass vor allem der Brunecker Weihnachtsmarkt zauberhaft ist.

Über all den schönen Gassen und herrschaftlichen Häusern thront das Schloss, dem Bruneck seine Entstehung verdankt. Denn bald nachdem es gebaut wurde, siedelten sich am Fuße des Schlossberges die ersten Bewohner an. Immer noch muss man eines der vier Stadttore, die gut 100 Jahre nach dem Bau des Schlosses errichtet wurden, passieren, um in die Altstadt zu gelangen.

Seit Juni 2011 ist die Hauptstadt des Pustertals um eine Attraktion reicher: Das MMM RIPA, das jüngste und bisher fünfte MESSNER MOUNTAIN MUSEUM, öffnete im Schloss Bruneck seine Pforten. Einst war das Schloss der Sommersitz der Fürstbischöfe, heute kann man sich hier über das Leben der Bergvölker Asiens, Afrikas, Südamerikas und Europas informieren. Insgesamt werden 25 Bergvölker vorgestellt, die Reinhold Messner während vieler Jahre kennen- und schätzengelernt hat. Im Museum sieht man nicht nur, wie die verschiedenen Bergvölker wohnen, man nimmt auch sinnliche Eindrücke wie Gerüche und Musik wahr, und erfährt viel über die Architektur bei den Bergvölkern. Nach dem entdeckungsreichen Rundgang kann man sich im Freiluft-Burgcafé noch einen Espresso genehmigen, bevor man dann hinab in die Altstadt geht um in der ENOTHEQUE BERNARDI einzukehren – bei Speck und Wein!

▸ Die bunten Fassaden der mittelalterlichen Häuser prägen das Stadtbild von Bruneck.

WOHLIGE WÄRME FÜR VERFRORENE BURGFRÄULEINS

BURG NEUHAUS bei Gais

Im Sommer 2011 verabredete ich mich mit Karl und Marion Riavez auf der BURG NEUHAUS in Gais. Sie hatten mir so von dieser Burg vorgeschwärmt, dass ich kaum Nein sagen konnte. Also verließ ich an einem heißen Sommertag die Autobahn und fuhr ins Tauferer Tal! Ich parkte brav mein Auto am Fuße des Berges und machte mich mit meinen nicht gerade wanderfreundlichen Schuhen auf zur BURG NEUHAUS. Oben angekommen, stellte ich fest, dass die meisten anderen Besucher mit dem Auto hochgefahren waren …

Karl Riavez ist einer der 22 Ritter, die diese Burg, seit sie Gästen offen steht, gemietet haben und immer etwas mehr bezahlt haben, als der Hausherr verlangte. Vom Erlös durften dann Kinder des Caritas-Kinderdorfes am Irschenberg auf der Burg Ferien machen. Die Ritterschaft unterstützt aber auch notwendige Reparaturarbeiten. Einmal im Jahr treffen sich die Ritter auf der Burg und besprechen ihre Ziele, die in erster Linie der Nächstenliebe verpflichtet sind. Ich bin ziemlich sicher, dass es keiner der Ritter nötig hat, aber in ihrer Satzung steht auch, dass sie im Notfall jederzeit auf der Burg Quartier und Essen bekommen.

Der heutige Schlossherr von NEUHAUS ist Siegfried Hofer. Er ging als junger Mann nach Spanien, um dort für eine deutsche Möbelfabrik zu arbeiten. Als er wieder in seine Heimat zurückkam, kaufte er das HOTEL GOLDENER ADLER, liebäugelte aber immer mit der arg verfallenen BURG NEUHAUS, die einer Schweizer Familie gehörte. Da ihnen die Burg aber sommers wie winters zu kalt war, verkauften sie die Burgruine gerne an Herrn Hofer.

Und der begann sogleich, die Burg zu renovieren! Weil die Skigebiete nahe sind, baute der leidenschaftliche Burgliebhaber für Wintergäste eine Heizung ein. Somit ist BURG NEUHAUS die einzige voll beheizte Burg Südtirols. Sie möchten auch mal dort wohnen? Na dann, trommeln Sie einige Freunde zusammen und mieten Sie die komplette Burg von Freitag bis Sonntag. 15 Doppelzimmer stehen zur Verfügung und für das leibliche Wohl ist auch gesorgt. Freitagabend gibt es ein typisches Tiroler Abendessen und samstags ein Rittermahl, natürlich mit Wein. Und der ist ein Wermutstropfen, denn das, was ausgeschenkt wird, begeistert Weinliebhaber nicht. Dafür gibt es aber ein gutes hauseigenes Quellwasser!

◂ Wohnen wie die alten Ritter – für ein Wochenende

HEIMISCHE KÜCHE IN GEMÜTLICHEN STUBEN …

… gibt es im Pustertal allerorten

Es war nicht leicht, eine Auswahl für dieses Kapitel zu treffen, zu viele gute Wirtshäuser gibt es im Pustertal: Da ist zum einen der MOARHOF, seit 1883 ein Gasthaus und immer in Besitz der Familie Mayr. 1983 übernahm Peter Mayr den Hof von seinem Vater und seit 1994 sorgt seine Frau Edith für das kulinarische Wohl der Gäste. Peter kümmert sich um die Landwirtschaft und die Gäste, unterstützt von Sohn Christian. Dank der hofeigenen Landwirtschaft sind die Wege von der Herstellung bis zur Verarbeitung kurz. Besonders gemütlich ist es, in der gotischen Stube aus dem 13. Jahrhundert die typischen Gerichte wie Speck- und Graukasknödel, Gerstensuppe und den hausgemachten Speck zu genießen.

Ein allseits begehrter Genießertipp ist der Gasthof OBERRAUT in Amaten nahe Bruneck. Auch hier wird mit saisonalen Produkten der Region gekocht, allen voran den hochgeschätzten Pusterer Kartoffeln. Christoph Feichter verarbeitet diese zu unvergesslichen Köstlichkeiten wie den grandiosen Kartoffeltaschen mit Sauerkraut und Nussbutter oder der extrafeinen Kartoffelsuppe. Wer im Pustertal Urlaub macht, darf ein Essen im OBERRAUT auf keinen Fall versäumen.

Relativ neu ist die HOFSCHENKE LERCHNER'S in Runggen. Erst seit 2005 begeistert Hans Lerchner die Gäste mit seinen köstlichen, vorwiegend heimischen Spezialitäten. Das Gasthaus hat er nach seinen Vorstellungen neu erbaut, als er sich nach vielen Koch-Wanderjahren in der Heimat niederließ.

Wir kommen mittags ohne Reservierung und finden die ansprechenden Gaststuben und die Terrasse vollbesetzt. Aber irgendwie organisiert die charmante Erika Lerchner immer wieder ein Plätzchen für die neu hinzukommenden Gäste. Wir lassen uns hausgemachte Tirteln und marinierten Kalbskopf schmecken. Wirklich lecker, und so sehen auch die anderen Teller aus, die an uns vorbeigetragen werden. Ein schönes Plätzchen mitten im Grünen, wo alles passt.

Ebenso empfehlenswert ist der Gasthof SAALERWIRT in St. Lorenzen. Das schöne und sympathisch geführte Gasthaus gehört seit 2012 der Gruppe »Südtiroler Gasthaus« an – eine Marke für gepflegte Südtiroler Gasthauskultur.

▸ Peter Mayr hinter dem Tresen in der Gaststube des MOARHOFS

DER VINSCHGAU

mit den Nebentälern Langtauferer Tal, Münstertal, Suldental, Martelltal, Schnalstal, Passeiertal und Ultental

WO SICH FRÜCHTE WOHLFÜHLEN, ABER NICHT NUR DIE

Wander- und Genussparadies im Westen Südtirols

Beeindruckende Gegensätze charakterisieren den Vinschgau: Hochebenen rund um den Reschensee, schier nicht enden wollende Apfelplantagen in den sonnigen und warmen Tälern, Eis und Schnee auf dem 3905 Meter hohen Gipfel des Ortlers. Für jeden ist etwas dabei und das Beste daran, ob hoch droben oder unten im Tal: Für das leibliche Wohl wird überall gesorgt. Dank Udo Bernhart, der im Vinschgau geboren ist und dort gemeinsam mit seiner Frau Karin und seinen Eltern einen Apfelbauernhof betreibt, habe ich viele Insidertipps erfahren. Ich musste Udo allerdings immer wieder daran erinnern, dass wir kein Buch über den Vinschgau machen. Zugegeben, schön ist es hier, und meine kulinarischen Entdeckungen haben mich allesamt beeindruckt. Selbst Weine werden hier gekeltert, wenngleich die Rebfläche lediglich 80 Hektar beträgt. Denn nicht der Wein-, sondern der Apfelanbau prägt das Landschaftsbild des Vinschgaus, davon zeugen 5000 Hektar Apfelplantagen. Äpfel, aber auch Aprikosen und Bergerdbeeren sind die wichtigsten Produkte der Vinschgauer Bauern.

Bei unserer Tour durch den Vinschgau konnten wir leider nicht alle Nebentäler besuchen, das hätte den Rahmen des Buches gesprengt. Genießern, die im Vinschgau Urlaub machen, rate ich aber, auf jeden Fall ins Ultental zu fahren. Dort stellt Heinrich Pöder auf dem AUSSERERBHOF (siehe Adressen) einen wirklich hervorragenden echten Bergbauernspeck her; auch das herzhafte Ultner Brot von der BÄCKEREI SCHWIENBACHER in St. Wallburg ist einen Abstecher wert. Und im Frühjahr ist der feine Kastelbeller Spargel bei den Feinschmeckern hochgeschätzt. Keinesfalls sollte man versäumen, einige der zahlreichen schönen Burgen und Schlösser zu besichtigen. Besuchenswert ist unbedingt Reinhold Messners MOUNTAIN MUSEUM in der Burg Juval, in der der berühmte Südtiroler auch den Sommer verbringt. Mein Fazit: Der Vinschgau ist ein Urlaubsparadies für Bergsteiger, Natur- und Kulturfreunde, Mountainbiker und nicht zuletzt für Genießer.

◂ Stolz krönt Schloss Juval den Juvaler Hügel.

ALTE APFEL- UND BIRNENSORTEN – FEIN DESTILLIERT

UNTERGANDLKELLER und BRENNEREI S. STOCKER

An die 150 verschiedenen Schnäpse kann man im UNTERGANDLKELLER in Algund verkosten. Diese Sortenvielfalt machte mich neugierig, und darum wollte ich den Schnapsbrenner unbedingt kennenlernen!

Siegfried Stocker erklärt mir gleich am Telefon: »Bitte nicht gerade zur Mittagszeit kommen. Da hat der Bub keine Zeit, denn er muss sich um die Mittagsgäste kümmern.« Also kommen wir vormittags, um mit seinem Sohn, Christian Stocker, in Ruhe zu plaudern.

»Angefangen hat mein Vater mit dem Brennen, und ich habe alles von ihm gelernt«, beginnt Christian zu erzählen. »Mein Vater war Finanzkontrolleur und kannte natürlich alle Brenner, auch die Schwarzbrenner. Durch diese Arbeit erwachte seine Leidenschaft für das Brennen, und nachdem er seine Beamtentätigkeit an den Nagel gehängt hatte, fing er selbst zu brennen an. Vorher wäre es auch schlecht möglich gewesen! Ich fand das Brennen schon als Vierzehnjähriger aufregend. Als ich älter wurde, machte ich Kurse, um mich in der Brenntechnik weiterzubilden. Während mein Vater die Schnäpse *per occhi* (›mit den Augen‹, also aus dem Gefühl heraus) macht, wende ich meine Kenntnisse über PH- und Säurewerte an. Diese Mischung aus Erfahrung und Bauchgefühl, vereint mit dem Wissen über moderne Brennmethoden, schweißt uns zusammen. Beide haben wir nur ein Ziel: etwas ganz Besonderes zu machen!«

Es gibt noch etwas, was Vater und Sohn miteinander verbindet: die Suche nach alten Apfel- oder Birnensorten. Sie fahren durch den Vinschgau und machen dort Halt, wo sie einen alten, »echten« Baum sehen. Einen, der kein Strauch ist, wie sie es nennen. Diese heimischen Apfel- und Birnenbäume, die es hier gab, bevor die riesigen Apfelplantagen entstanden, liefern zwar keine superschönen Äpfel, dafür aber Äpfel mit einem charakteristischen Aroma, das man später in den Stocker-Destillaten schmecken kann. Kaum zu glauben, aber sie haben je 30 reinsortige Apfel- und Birnenschnäpse im Sortiment. Wenn man unter dem Walnussbaum im Wirtsgarten sitzt und eines der schmackhaften Gerichte, die im UNTERGANDLKELLER serviert werden, verzehrt hat, ist übrigens der hauseigene Walnusslikör genau das Richtige.

▸ Christian Stocker in seinem Schnapskeller

DER RIESLINGPIONIER IM VINSCHGAU

WEINGUT FALKENSTEIN in Naturns

Nachdem Franz Pratzner die Landwirtschaftsschule für Obst- und Weinbau in der Laimburg abgeschlossen hatte, war für ihn klar: Der Apfelanbau interessierte ihn nicht. Er macht zwar weniger Mühe, aber ist bei Weitem nicht so spannend wie der Weinbau. So überzeugte er bereits in den Achtzigerjahren seine Eltern, die Trauben ihres Miniweingartens von einem Hektar Fläche nicht mehr an die Genossenschaft zu verkaufen. Es tat ihm leid, sich die Mühe mit den Rebstöcken zu machen, um ihre Ernte dann namenlos zu vermarkten. Nach seiner Hochzeit 1989 war er sich mit seiner Frau Bernadette einig, den Weinbau weiter zu forcieren. Und obwohl Bernadette aus Osttirol kommt, wo ausschließlich Viehwirtschaft betrieben wird, hat sie sich rasch mit dem Weinbau angefreundet. Anders als bei den meisten familiären Winzerbetrieben ist sie es, die im Weinberg arbeitet, während er sich um den Ausbau im Keller und um den Verkauf kümmert. Bernadette klettert schwindelfrei auf den terrassierten Weinanlagen auf 600 bis 900 Metern Höhe herum und pflegt die Rebstöcke, die natürlich allesamt in Guyot-Erziehung und noch dazu extrem eng gepflanzt sind.

»Und wie kamen Sie zum Riesling?«, frage ich. »Ein Ausflug in die Wachau hat mich infiziert«, erzählt Franz Pratzner. »Mir ist aufgefallen, dass wir im Vinschgau ähnliche Bedingungen haben.« Den ersten Riesling füllte er also 1995 in Flaschen, und der Erfolg gab ihm Recht. Heute ist etwa die Hälfte seiner elf Hektar (davon vier Hektar in Pacht) mit Riesling bepflanzt, den Rest teilen sich Sauvignon, Weißburgunder, Blauburgunder und ein bisschen Gewürztraminer. Die mit einfühlsamer Frauenhand gepflegten Trauben verarbeitet der Ehemann mit großer Bedachtsamkeit im Keller. Die weißen Rebsorten reifen in großen Akazienholzfässern, lediglich der Blauburgunder sieht Barrique. Auch als eingefleischter deutscher Rieslingfan muss ich zugeben, dass sich das, was ich hier ins Glas geschenkt bekam, einen sehr guten Riesling nennen darf. Einziger Wermutstropfen – man muss ihn vorsichtig genießen, denn er hat 14,5 »Umdrehungen« …

▸ Franz Pratzner ist einer der erfolgreichen Winzer des Vinschgaus.

AUF DIESEM BERG LÄSST SICH GUT LEBEN

SCHLOSSWIRT JUVAL, MESSNER MOUNTAIN MUSEUM, WEINGUT UNTERORTL und Schmuck

In dieses kulinarische Paradies gelangt man nur zu Fuß oder mit dem Bus, der die Besucher vom VINSCHGER BAUERNLADEN zum MESSNER MOUNTAIN MUSEUM JUVAL bringt. Gleich nach dem Museumsbesuch kann man sich dann beim SCHLOSSWIRT von Monika Schölzhorn kulinarisch aufs Feinste verwöhnen lassen. »Alles selbst zu produzieren, um zu überleben, das war früher Normalität bei den Südtiroler Bergbauern«, meint Reinhold Messner und fügt hinzu: »Dass dies auch heute weitgehend möglich ist, zeigt die Schlosswirtschaft.« Wohl wahr, aber das hat der berühmte Südtiroler auch der Wirtin zu verdanken.

Monika Schönholz wuchs mit vier Geschwistern in einem Berggasthof ganz in der Nähe auf. »Meine Mama konnte unvergesslich gut kochen«, beginnt die herzliche Köchin und fährt fort: »Ich koche viel nach ihren Rezepten, und meine Gäste schätzen das.« Als sie am 1. Dezember 2005 hier anfing, hatte sie eine beachtliche Karriere als Almköchin und Sennerin hinter sich. Auf den Almhütten, die sie bewirtschaftete, begann sie auch, Käse zu machen. »Beim ersten Käse, den ich herstellte, habe ich zehn Vaterunser gebetet, dass er was wird!«, erzählt sie lachend. Darum packte sie der Ehrgeiz, und sie ging mit ihrem Mann und ihren drei

Hoch über dem Vinschgau wacht die Burg Juval, Sitz des MESSNER MOUNTAIN MUSEUMS.
Monika Schölzhorn führt den SCHLOSSWIRT JUVAL mit großer Herzlichkeit und verwöhnt die Gäste mit köstlichen Gerichten.

Kindern nach Klosters in der Schweiz, um eine Sennerausbildung zu machen. In ihrem Bestreben, so viel wie möglich selbst zu erzeugen, unterstützen sie natürlich ihr Mann und ihre Kinder: Vater und Sohn kümmern sich um die Landwirtschaft und machen aus den glücklichen Schweinen – nach alter Tradition – Speck, der sensationell schmeckt! Eine Tochter steht der Mutter im Service zur Seite, die andere studiert Musik und hilft, wann immer eine Hand gebraucht wird.

Was es hier oben nicht gibt: Gockel und Truthahn, da weigert sich die leidenschaftliche Köchin! Und es gibt keine Pommes, *basta!* Aber wer will die schon hier? Mir läuft selbst beim Schreiben noch das Wasser im Mund zusammen, wenn ich an die wunderbaren Spargeltaschen mit Schnittlauchsauce denke … Dazu trinken wir einen Weißburgunder vom WEINGUT UNTERORTL, den der önologische Künstler Martin Aurich auf diesem Berg keltert. Weit über Südtirols Grenzen hinaus ist Aurich – ein gebürtiger Berliner – für seine feingliedrigen Rieslinge, fruchtigen Weißburgunder und einen beeindruckenden Müller-Thurgau bekannt. *Naturalmente* keltert er auch Blauburgunder, Reinhold Messners Lieblingswein.

Aber das ist noch längst nicht alles, was der Berg bietet. Die österreichische Goldschmiedin Barbara Lischka Forcher hat sich in einen Südtiroler Tierarzt verliebt und lebt nun seit 1991 in einer Enklave auf dem Juvaler Hügel. Nachdem die Kinder flügge waren, richtete sie sich in dem schönen alten Haus eine kleine Werkstatt ein und kreiert nun auf Edelstahlbasis Schmuck, Flaschenverschlüsse, Tafelgeschirr, Lampen und vieles mehr. Neuester Trend sind kunstvolle Urnen. Laufkundschaft gibt es hier nicht, Kenner wissen, wo sie Barbara finden. Sie nun auch, falls Sie mal eine Urne mit einem kleinen Fenster suchen …

Barbara Lischka Forcher hat sich auf dem Juvaler Hügel eine kleine, aber feine Kunstwerkstatt eingerichtet und genießt gerne den Traumblick von ihrem Haus ins Tal.

TEIGTASCHEN AUF SCHNITTLAUCHSAUCE

Rezept von Monika Schölzhorn vom SCHLOSSWIRT JUVAL

Für 4 Personen

FÜR DEN TEIG
500 g gegarte mehligkochende Kartoffeln
500 g Roggenmehl
500 g Weizenmehl, Type 405
15 Eigelbe
Salz
etwas frisch geriebene Muskatnuss

FÜR DIE FÜLLUNG
je 250 g weißer und grüner Spargel
1–2 mehligkochende Kartoffeln
1 Stück Lauch
3–4 EL flüssige Butter
250 ml trockener Weißwein (am besten Weißburgunder)
etwas Kristallzucker
Salz
2–3 EL frisch geriebener Parmesan

FÜR DIE SAUCE
1 EL Butter
1 Schalotte, in feine Würfel geschnitten
2 EL Sahne

AUSSERDEM
Salz
1 Bund Schnittlauch, fein geschnitten
etwas frisch geriebener Parmesan

Für den Teig die gekochten Kartoffeln noch heiß durch eine Kartoffelpresse in eine Schüssel drücken und abkühlen lassen. Dann die beiden Mehlsorten darübergeben und vermischen. Die Eigelbe hinzufügen, mit Salz und Muskat würzen und alles zu einem glatten Teig verkneten. Den Teig 30 Minuten ruhen lassen.

Für die Füllung die Spargelstangen und die Kartoffeln schälen und in Stücke schneiden. Den Lauch putzen und klein schneiden. Die flüssige Butter in einem Topf erhitzen und das Gemüse darin anschwitzen. Anschließend mit dem Weißwein ablöschen und mit Salz und Zucker abschmecken. Das Gemüse etwa 15 Minuten weich dünsten, dann im offenen Topf köcheln lassen, bis alle Flüssigkeit verdampft ist. Das Gemüse mit dem Pürierstab pürieren und in ein Sieb geben, damit die restliche Flüssigkeit abtropfen kann. Diese Flüssigkeit auffangen. Zum Schluss den Parmesan unterrühren.

Den Teig auf der Arbeitsfläche möglichst dünn ausrollen und Kreise von 10 cm Durchmesser ausstechen. In die Mitte jedes Kreises etwa 1 TL Füllung geben und jeden Kreis zusammenklappen. Die freien Ränder mit den Fingerkuppen gut verschließen.

Für die Sauce die Butter in einem kleinen Topf zerlassen und die Schalottenwürfel darin anschwitzen, dann mit dem abgetropften Spargel-Kartoffel-Saft aufgießen. Die Sahne hinzufügen und die Sauce kurz mit dem Pürierstab aufmixen.

Die Teigtaschen in kochendes Salzwasser geben und wenige Minuten garen. (Sie sind fertig, wenn sie an der Oberfläche schwimmen.) Die Teigtaschen mit einem Schaumlöffel aus dem Topf heben und auf 4 Teller verteilen. Mit der Sauce beträufeln und mit den Schnittlauchröllchen und dem geriebenen Parmesan bestreuen.

Ein Gläschen Weißburgunder harmoniert vorzüglich mit diesem köstlichen Frühlingsgericht!

VEREINTE VINSCHGER VIELFALT

Der VINSCHGER BAUERNLADEN am Fuße des Juvaler Hügels

Das Logo VVV für die VEREINTE VINSCHGER VIELFALT trifft den Nagel auf den Kopf: Mittlerweile sind es 92 Betriebe, die ihre auf dem Hof hergestellten oder geernteten Erzeugnisse hierher liefern. Aus mehr als 1000 verschiedenen, im wahrsten Sinne des Wortes einmaligen Produkten können die Kunden hier auswählen. Dabei versteht sich der Laden absolut nicht als Konkurrenz zu den Bauern, ganz im Gegenteil. Mit dem Konzept will man zum einen die Gemeinsamkeit stärken, zum anderen den oftmals sehr entlegenen Bauernhöfen die Möglichkeit bieten, bekannt zu werden und nicht zuletzt dem Kunden meist lange und schwer zu findende Wege ersparen.

Besonders sympathisch finde ich, dass eine charmante und engagierte Frau Obmännin dieser Kleingenossenschaft ist. Christina Bernhart, selbst Bäuerin, hatte schon vor vielen Jahren gemeinsam mit einigen Gleichgesinnten die Idee, bäuerliche Produkte zentral und genossenschaftlich zu vermarkten. Dank der Mithilfe von Reinhold Messner, der ebenfalls eines der neun Gründungsmitglieder der Genossenschaft ist, konnte man das Grundstück am Fuße des Juvaler Hügels erwerben und den ansprechenden Laden errichten. Am 29. April 2005 war es dann endlich so weit: Der VINSCHGER BAUERNLADEN – das Schaufenster für Original Vinschgauer Produkte – wurde eröffnet. Wer vermutet, dass dies ein verkitschter Folkloreladen ist, der irrt. Modern, hell, zeitgemäß – so präsentiert sich das Geschäft. Einzig und allein die Produkte sind hier die Protagonisten.

Ob Marmelade, Kräuter, Essig, Sirup, Kosmetik, Wein, Brot, Bauernspeck, Wurst oder auch frische Früchte der Saison – die ursprüngliche, naturnahe Herstellung ist das Credo aller hier feilgebotenen Waren. Christina Bernhart ist glücklich über den Erfolg dieser Vermarktungsidee der Bergbauern, und sie fügt hinzu: »Unsere Produkte gibt es ausschließlich hier oder auf dem jeweiligen Hof zu kaufen, und sie stammen zu 100 Prozent aus dem schönen Vinschgau!« Dass sie es schafft, bei all ihrer Arbeit und dem Engagement für den Bauernladen so gut auszusehen, liegt vielleicht doch an den gesunden, ursprünglichen Produkten des Vinschgaus …

▸ Christina Bernhart, die Obmännin der Initiative VVV vor dem schmucken Laden am Fuße des Juvaler Hügels

Bio
Bio

ger Bauernlade
Bar
Bottega de

HEILBUTT IN SPECKSAUCE

Rezept vom GOLD'NEN ADLER

Für 4 Personen

FÜR DIE SPECK-WEISSWEIN-SAUCE
2 Schalotten
10 g Butter
je 200 ml trockener Weißwein, Martini dry und Fischbrühe
400 ml flüssige Sahne
400 ml Crème fraîche
etwas Zitronensaft
Cayennepfeffer
40 g Südtiroler Bauernspeck, in kleine Würfel geschnitten
Salz
frisch gemahlener weißer Pfeffer

FÜR DEN HEILBUTT
8 dünne Scheiben Südtiroler Bauernspeck
1 Vinschger Paarlbrot
4 küchenfertige Heilbuttfilets
Salz
frisch gemahlener weißer Pfeffer
4 EL Olivenöl
4 Endiviensalatherzen
etwas schwarze Sesamsaat zum Bestreuen

Die Schalotten schälen und in feine Würfel schneiden. Die Butter in einem Topf zerlassen und die Schalottenwürfel darin anschwitzen, dann mit dem Weißwein und dem Martini dry ablöschen und die Flüssigkeit um gut die Hälfte einkochen. Mit dem Fischfond aufgießen und einige Minuten köcheln lassen. Die Sahne und die Crème fraîche unterrühren und alles sämig einkochen. Mit etwas Zitronensaft und Cayennepfeffer abschmecken. Die Speckwürfel in einer Pfanne ohne Fettzugabe knusprig braten und unter die Sauce mischen. Mit Salz und Pfeffer abschmecken.

Die Speckscheiben kurz in der Pfanne ohne Fettzugabe knusprig braten. Das Paarlbrot auf der Aufschnittmaschine in hauchdünne Scheiben schneiden, auf ein Backblech legen und im auf 180 °C vorgeheizten Backofen knusprig rösten. Die Heilbuttfilets mit Salz und Pfeffer würzen. In einer Pfanne 2 EL Olivenöl erhitzen und die Fischfilets darin auf beiden Seiten kurz anbraten. In einer zweiten Pfanne das restliche Olivenöl erhitzen und die Salatherzen kurz darin schwenken. Ganz leicht mit Salz würzen.

Die lauwarmen Salatherzen auf 4 vorgewärmten Tellern anrichten. Die Heilbuttfilets darauflegen, mit der Speck-Weißwein-Sauce beträufeln und mit den knusprigen Speckstreifen und den Paarlbrotchips garnieren. Mit der Sesamsaat dekorieren.

Dazu passt ein fruchtiger Vernatschwein.

FRÜCHTE UND MEHR – FEIN VEREDELT

Der KANDLWAALHOF der Luggins

Das Trocknen von Kräutern und Früchten war früher auf den Bergbauernhöfen in Südtirol gang und gäbe. Im Zeitalter der Tiefkühltruhen hatte man diese Art des Haltbarmachens fast vergessen, bis einige Südtiroler Bauern sie wieder entdeckten. Heute sind Trockenfrüchte voll im Trend, und das ist ein großes Glück für die Familie Luggin in Laas.

Bevor wir im ansprechenden Verkaufsladen die Produkte des Familienbetriebs verkosten, zeigt uns Karl Luggin seine moderne Trockenanlage. »Entscheidend für die Erhaltung des typischen Aromas ist«, so erklärt er uns voller Leidenschaft, »dass die in dünne Scheiben geschnittenen Früchte äußerst schonend bei 40–42°C getrocknet werden. Zu große Hitze zerstört das Aroma.« Nebenbei bemerkt, stammen die Früchte, die hier auf schonende Weise getrocknet werden, vorwiegend aus dem eigenen Garten. Wer jedoch vermutet, dass im Vinschgauer Apfelland nur Äpfel getrocknet werden, der irrt gewaltig.

Ich komme mit dem Naschen kaum nach: getrocknete Kaki, Kirschen und Erdbeeren; und dann die Überraschung: rote Apfelscheiben. »Was ist das?«, frage ich erstaunt. »Ein Apfel mit rotem Fruchtfleisch?« – »Das ist eine ganz besondere Apfelsorte«, erzählt der Landwirt stolz. »Sie heißt ›Weirouge‹ – der Name setzt sich zusammen aus ›Wei‹ für die Fachhochschule Weihenstephan, der Geburtsstätte der Sorte, und ›rouge‹ von der Farbe. Dieser Apfel ist nicht nur schön rot, sondern enthält auch viel Apfelsäure, die dafür sorgt, dass das Fruchtfleisch nicht so leicht bräunt. Einfach so gegessen schmeckt der Apfel nicht, aber getrocknet oder als Saft, den es auch bei mir gibt, ist diese Sorte einzigartig.«

Superaromatisch finde ich die Scheiben von getrockneten Erdbeeren, die, wie mir Karl Luggin erzählt, die Mimosen unter den Früchten sind. Das ist aber längst nicht alles, auch rote Beten, Karotten, Lauch und Karotten wird die Feuchtigkeit entzogen. Sein neuestes »Baby« ist neben der Herstellung von Apfel-, Kräuter- und Früchteessig die Produktion raffinierter Senfsorten. Bislang kauft er die Senfsamen noch, aber bald werden rund um seinen Hof Senfpflanzen sprießen.

▸ Eine Handvoll getrocknete »Weirouge«-Scheiben – eine rare Apfelsorte mit rotem Fruchtfleisch

VINSCHGER PAARL – RETTUNG IN LETZTER NOT

Der FISOLHOF

»Der FISOLHOF liegt etwa acht Kilometer von der Hauptstraße entfernt, in der Nähe von Schloss Schlandersberg«, erklärte man uns im KANDLWAALHOF. Na, das ist doch kein Problem, dachte ich, ohne zu wissen, dass diese acht Kilometer – Kurve nach Kurve – direkt in den Himmel führen. Als wir endlich ankommen, werden wir nicht nur herzlich von Monika Gufler begrüßt, es bietet sich auch ein traumhafter Blick auf das Vinschgauer Tal und die gegenüberliegenden Berge. Die Kurvenrallye hat sich also gelohnt, aber nicht nur deshalb, vor allem wegen des würzigen Vinschger Paarls, das wir gleich mal verkosteten.

Ich bin keine typische Stadtpflanze, kenne das Landleben ganz gut, so dachte ich zumindest, aber als ich sehe, wie man so auf einem Bergbauernhof lebt, und als ich höre, wie mühsam es ist, so viel zu erwirtschaften, dass man davon leben kann, da tut sich vor mir eine andere Welt auf. Deshalb möchte ich Ihnen kurz vom Leben der Guflers erzählen: Ernst Gufler wurde 1957 geboren und hat 1987 den Hof seiner Eltern übernommen. Da die Landwirtschaft nicht so viel erwirtschaftete, dass alle davon leben konnten, arbeitete er erst mal in einem Verschalungsbetrieb. Nachdem er eine Eisenallergie bekam, bewarb er sich in einer Sennerei in Schlan-

Monika Gufler hat gut lachen, die Vinschger Paarl sind wieder gut gelungen.

ders, wo er mit viel Freude 16 Jahre arbeitete. Dann aber schloss dieser Betrieb. Was nun, was tun? Er fand zwar wieder eine Arbeit im Tal, war da aber nicht sehr glücklich. Deshalb überlegte er, ob er nicht aus dem Getreide, das er im landwirtschaftlichen Nebenerwerb anbaute, Brot backen sollte.

Da er im Austausch für ein Wegerecht zum Schloss Schlandersberg eine alte Mühle erhielt, begann er sofort, diese wieder zu aktivieren. Ja, und dann ging's los mit dem Backen. Roggenmehl, Wasser, Hefe, Brotklee und Salz – das sind die Ingredienzen, aus denen er und seine Frau seit nunmehr einigen Jahren die für den Vinschgau typischen Vinschger Paarl herstellen. Jeden Donnerstag wird gebacken, und im Sommer, wenn die Nachfrage groß ist, natürlich auch mehrmals pro Woche. Frühmorgens gegen 4:30 Uhr wird der Backofen angeschürt und gegen 8:30 Uhr wird der vorher zubereitete Teig nochmals geknetet und zu »Knödele« geformt, die dann nebeneinander auf ein Brett gesetzt werden. Die Teigkugeln müssen ganz nah nebeneinander liegen, damit sie sich beim Gehen auf sanfte Weise vereinen können zu einem Paarl. Mit einer »Zussi«, einer Backschaufel, werden die aufgegangen Paarl dann in den heißen Backofen gelegt, den sie nach etwa 20 Minuten knusprig gebacken wieder verlassen. Anschließend fährt Ernst Gufler das frisch gebackene Brot hinunter ins Tal und beliefert den VINSCHGER BAUERNLADEN und die Kunden, die rechtzeitig vorbestellt haben. Vorbeikommende Wanderer können die Vinschger Paarl mit hausgemachtem Speck und Wein im Garten des FISOLHOFS genießen – mit herrlichem Blick auf das Schloss und ins Tal.

Wie schön, dass die Brotbackkunst hilft, auf dem Bergbauernhof zu überleben. Und das Tolle: Trotz der mühevollen Arbeit sind Monika und Ernst glücklich!

Ernst Gufler prüft kritisch das Getreide, das er rund um den Hof anbaut.

SCHÖNE AUSSICHT · BELLA VISTA

KNÖDELEI MIT SCHÖNER AUSSICHT

Hotel ZUR GOLDENEN ROSE *und Schutzhütte* SCHÖNE AUSSICHT

Einzigartig möchten sie alles machen, was sie anpacken. Das ist das erklärte Ziel von Paul und Stefania Grüner. Und vieles ist ihnen schon gelungen! Da ein weitläufiger Wellnessbereich in ihrem Hotel aus Platzgründen nicht realisierbar war, bauten sie einen sehr individuellen Saunabereich, ausschließlich aus Hölzern und Steinen der Region. Das Dampfbad wurde aus Laaser Marmor gestaltet, für den Eisbrunnen wurde ein Stein von der Hütte (davon später mehr ...) geholt und Porphyrsteine verleihen südliche Akzente. Der frühere Klosterkeller wurde nach ebendiesem Prinzip zu einem Weinkeller umgestaltet, der in seiner Art einzigartig ist. »Und diese Grundidee, immer etwas ganz Besonderes für unser Haus zu gestalten, merken Sie auch an unserer Weinkarte«, erzählt Stefania voller Stolz. »Obwohl es natürlich in Südtirol viele sehr gute Kellereigenossenschaften gibt, haben wir unsere Weinkarte nach folgenden Schwerpunkten aufgeteilt: Bergweine, die in Hanglagen über 500 Metern gedeihen, Weine aus biologischem und biodynamischem Anbau und Weine kleiner Winzer und privater Kellereien.«

Die zwanzig Hotelzimmer sind unterschiedlich, aber alle mit Wohlfühlholzböden ausgestattet. Stefania sorgt mit charmanter Umsicht dafür, dass überall frische Blumen die Gäste erfreuen. Dabei wollte *Signora* Stefania, die zwar aus der Gegend stammt, aber in Bozen arbeitete, niemals Wirtin werden und eigentlich auch nicht weg von Bozen. Aber sie konnte Pauls umwerfendem Charme nicht widerstehen, und heute ist sie glücklich darüber. Wie sie es schafft, trotz der drei Kinder Josef, Cosima und Zeno, dem mit gerade mal zwei Jahren Jüngsten, immer allgegenwärtig zu sein, und das mit einem strahlenden Lächeln, ist bewundernswert.

Sichtlich stolz sind die beiden, dass ihr Hotel zu einer Gruppe von Hotels gehört, die sich »Idyllische Plätze« nennt (www.idyllicplaces.com). Die Grundidee der »Idyllischen Plätze«: Sie wollen Hotels sein, die Tradition mit den Annehmlichkeiten zeitgemäßer Lebensart verbinden.

◂ Paul Grüner vor seiner im wahrsten Sinne des Wortes SCHÖNEN AUSSICHT

Das Hotel ZUR GOLDENEN ROSE ist längst nicht alles, was der quirlige Paul so auf die Beine gestellt hat! Sein ein und alles ist seine Schutzhütte SCHÖNE AUSSICHT auf 2845 Metern Meereshöhe. Wie er dazu kam, erzählt er mir bei einem Glaserl Wein und seinen schmackhaften Knödelvariationen, die ich nach und nach genussvoll verzehre. »Vor etwa 25 Jahren habe ich mit 25 Freunden die Schutzhütte gekauft. Da die anderen aber mit Gastronomie nichts am Hut hatten, sondern lediglich aus Freude an der Sache mitgemacht hatten, konnte ich sie ihnen 1999 abkaufen. Für mich war das damals die perfekte Lösung, denn ich wollte nicht in der GOLDENEN ROSE gemeinsam mit meinen Eltern arbeiten. Unsere Ansichten über den Stil eines Hotels gingen zu weit auseinander. Oben auf dem Berg konnte ich meine eigenen Ideen verwirklichen. 1993 haben mir dann meine Eltern den Betrieb übergeben, und ich begann, zwischen dem Hotel in Karthaus und der Schutzhütte zu pendeln. Als 2001 Stefania in mein Leben trat, wurde vieles für mich leichter. Seither kümmert sie sich um das Hotel. Sie ist es auch, die dem Haus den Charme verliehen hat, den es heute ausstrahlt.«

Ein deutscher Gast brachte Paul dann auf die Idee, in seiner Küche die typischen Südtiroler Knödel als Basis zu nehmen und sie dann immer wieder neu zu verfeinern. Bald darauf kreierte er Knödelmenüs und wurde weit über das Schnalstal hinaus für seine »Ö – wie KnÖdel« bekannt. Mal gefüllt mit Mozzarella, mal auf Speckkrautsalat, mal mit Früchten … Der Vielfalt sind keine Grenzen gesetzt.

Wer glaubt, das wäre alles, der kennt Paul nicht. Irgendwann entdeckte er die heilende und belebende Kraft des Gletschers. Er sammelte den feinen Gletschersand und ließ ihn analysieren. Nach vielen Versuchen in namhaften Universitäten gelang es ihm, eine einzigartige Kosmetikserie mit feuchtigkeitsspendender und straffender Wirkung zu entwickeln. »Glacisse – die Kosmetik aus den Alpen« war geboren. Aha, vielleicht ist das das Geheimnis des strahlenden und frischen Aussehens von *La Signora* Stefania?

▸ Sonnen, Ski fahren, gut essen und trinken und die neue Kosmetiklinie »Glacisse« erproben – all das ist möglich auf 2845 Metern Meereshöhe.

Skiraum

GLACISSE
DER SCHATZ DER ALPEN

TEIG SCHÜTTELN UM ZWEI UHR NACHTS

PANIFICIO SANTER in Karthaus

»Woher kommt eigentlich das superknusprige Schüttelbrot?«, frage ich Kathrin Oberhuber vom PILLHOF in Frangart. »Es ist dünn, knusprig und nicht so intensiv gewürzt wie viele Brote, die manchmal doch den Weingeschmack beeinträchtigen!«, füge ich hinzu, und schon greift meine Hand erneut zum Brotkorb. Kathrin bringt mir den Verpackungszettel und erklärt mir, dass der Bäcker im Schnalstal einer der wenigen ist, der das Schüttelbrot wirklich von Hand schüttelt. Da der Bäcker zur Weihnachtszeit mit Plätzchen- und Zeltenbacken voll beschäftigt ist, verschieben wir unseren Besuch.

Im folgenden März ist es dann so weit, und als ich dem Bäcker ankündige, dass wir natürlich das Schütteln sehen und fotografieren möchten, meint er nur: »Kein Problem, dann kommen Sie um 2:00 Uhr, da sind wir fertig mit Brotbacken und dann wird geschüttelt.« Insgeheim dachte er, dass uns das erschreckt, so erzählte er mir später! Aber von wegen! Obwohl mich mein Wecker jäh aus dem Tiefschlaf reißt und die Nacht im Schnalstal Anfang März noch ganz schön frisch ist, bin ich pünktlich um 2:00 Uhr in der Handwerkerzone, wo Udo bereits fleißig zwei emsig Teigfladen schüttelnde Bäcker fotografiert.

Sieht leicht aus, ist es aber nicht: Den Brotteig so zu schütteln, dass die Fladen dünn sind und einigermaßen gleichmäßig …

Gleich vorweg: Eine romantische Backstube ist das nicht, die gab es früher einmal, wie mir Herr Santer erzählt. Vor Jahren, als die Backstube noch inmitten des Dorfes Karthaus war, wo heute sein moderner Laden ist, den er 2009 eröffnete. Die winzige Backstube seines Vaters maß samt Laden gerade einmal 70 Quadratmeter. Das war zwar eng, aber sein Vater hat auch nur Brot und Schüttelbrot für das Dorf gebacken. Eigentlich hatte sein Vater stets geplant, die Bäckerei zu schließen, wenn er sich zur Ruhe setzt! Als er aber sah, wie begeistert sein Sohn Florian das Bäckerhandwerk erlernte und ganz rasch auch Bäckermeister wurde, war er natürlich glücklich, dass nun die vierte Generation Santer in Karthaus Brot bäckt.

»Was ist nun das Geheimnis eines guten Schüttelbrots und worin liegt der Unterschied zum nicht von Hand geschüttelten Brot?«, will ich vom Fachmann wissen. »Der Teig muss weich sein und darf nicht zu lange aufgehen. Bei den nicht mit der Hand geschüttelten Schüttelbroten ruhen die Teigkugeln so lange im warmen Raum, bis sie die gewünschte runde Form haben, erst dann werden sie gebacken. Für mich ist es totes Brot. Wir hingegen legen die Teigkugeln auf eine runde Holzpalette und schütteln sie in kreisenden Bewegungen in die gewünschte Form. So wird Luft in den Teig eingearbeitet und das Brot wird dünn und knusprig.«

Wie schwierig es ist, die Teigkugeln in Bewegung zu setzen, davon kann ich ein Lied singen: entweder der Teig fällt mir vom Brett oder er bewegt sich gar nicht. Es sieht so leicht, fast spielerisch aus, ist aber eine ausgetüftelte Technik, die man zwar noch in der Berufsschule für das Bäckerhandwerk lernt, aber, so erzählt mir der Schüttelbrotbäcker, richtig kann man es nur, wenn man es täglich macht. Da sein köstliches Schüttelbrot gefragt ist, haben er und seine Mitarbeiter viel Übung.

Leider findet man es immer seltener, das echte handgeschüttelte Schüttelbrot. Aber der junge Florian Santer, der kann es noch!

»ESSEN UND SCHLOFN«

Der OBERRAINDLHOF

»Wo wir sitzen, hat mein Urgroßvater Schuhe geflickt«, erzählt Helmuth Raffeiner in der gemütlichen Stube. »Er war einer der wenigen, die damals, Anfang des 20. Jahrhunderts, italienisch schreiben und sprechen konnte. Deshalb trafen sich die Leute bei ihm, tranken ein Glaserl Wein und ließen sich von ihm ihre Schriftstücke übersetzen. Später kamen die betuchten Meraner hier herauf in die ›Sommerfrische‹. Allmählich entwickelte sich daraus erst eine Jausenstation, dann 1987 ein Wirtshaus und in den Neunzigerjahren, gemeinsam mit meiner Frau Elisabeth ein Restaurant.« Elisabeth Raffeiner unterbricht ihren Mann: »Ich habe gekocht, die Zimmer gemacht und die Gäste versorgt, und ich habe mich um unseren ersten Sohn gekümmert. Deshalb habe ich unsere Nachbarin Johanna Santer gebeten, mir in der Küche zu helfen.«

Johanna Santer arbeitet immer noch in der Küche, sie ist für die traditionellen Gerichte zuständig. Unterstützt wird sie von Günther Veith, der die kreative Küche macht. Wie sehr das Kochteam harmoniert, sieht man, als sie den Teig für die Schnalser Nudeln durch den *torchio* pressen. Elisabeth Raffeiner hat durch die Entlastung nicht nur mehr Zeit für ihre Kinder, sondern auch für neue Ideen.

Obwohl ich vorher nicht Holz gehackt habe – was sinnvoll gewesen wäre, bei der Portion Schnalser Nudeln und dem Lammragout –, es schmeckte dennoch! Die Nudeln werden durch einen *torchio* getrieben, bevor sie in reichlich Schmalz gegart werden.

Essen und Schlafen – dieser Geistesblitz kam ihr, als die Verkehrspolizei in Italien verstärkt daran ging, Alkoholkontrollen durchzuführen. »Es macht doch keinen Spaß, gut zu essen und dann höchstens ein Glas Wein zu trinken, weil man Angst haben muss, dass nach der nächsten Kurve eine Polizeikontrolle steht«, erzählt sie mir. Also bieten sie übers Wochenende »Essen und Schlofn« an, und die Gäste sind begeistert. Denn wenn man in den gemütlichen Stuben sitzt, sehr gut isst und die feinen, von Helmuth Raffeiner ausgewählten Weine genießt, möchte man doch nicht mehr ins Auto steigen. Helmuth kennt sich in Sachen Wein gut aus: Nachdem ihm seine Frau zu Weihnachten 2003 einen Sommelierkurs geschenkt hat, packte ihn die Weinleidenschaft und ließ ihn nicht mehr los. Hervorragend findet er, dass in den vergangenen Jahren nicht nur der Weinkonsum, sondern vor allem der Anspruch an gute Weine sprunghaft gestiegen ist. Nicht vergessen sollte man allerdings, reichlich von dem hauseigenen rechtsdrehenden Quellwasser zu trinken. »Wir kleinen Hotels und Restaurants können nur mit Spezialitäten überleben – Masse können die anderen machen!«, meint dazu der Wirt.

Und dann, ich traue meinen Ohren kaum, höre ich am helllichten Mittag aus der Stub'n nebenan Ziehharmonikamusik. So, als ob wir sie bestellt hätten für einen Heimatabend. Elisabeth Raffeiner hat just in diesem Moment Besuch von zwei Ziehharmonikaverkäufern und probiert mit ihrem ebenfalls musikbegeisterten Sohn die Musikinstrumente aus. Die zwei spielten sooo schön, dass Udo und ich unsere folgenden Termine verschieben mussten, denn so gutes Essen, perfekt korrespondierende Weine und begleitet von Ziehharmonika-Livemusik, das erleben auch wir nicht alle Tage.

Schneemilch ist eine aus der Not geborene Süßspeise, die leider auch zu gut schmeckt, um sie stehen zu lassen.
Im OBERRAINDLHOF wird gerne musiziert, und das mit Leidenschaft.

SCHNALSER NUDELN MIT LAMMRAGOUT

Rezept vom OBERRAINDLHOF

Für 5–6 Personen

FÜR DIE NUDELN
1 kg Roggenmehl
750 g Magerquark
1 EL Salz
500 g weiche Butter

FÜR DAS LAMMRAGOUT
2 EL neutrales Pflanzenöl
500 g Lammhüfte, ausgelöst und in Würfel geschnitten
1 kleine Zwiebel, in kleine Würfel geschnitten
Salz
frisch gemahlener schwarzer Pfeffer
1 EL Weizenmehl, Type 405
125 ml trockener Rotwein
125 ml Fleischbrühe
1 TL frisch gehackter Thymian

Für die Nudeln das Mehl, den Quark und das Salz in einer Schüssel vermischen und so lange kneten, bis ein fester Teig entsteht. Den Teig durch einen »Nudeldruck« *(torchio)*, ersatzweise einen Fleischwolf mit dünner Scheibe, pressen. Die so entstandenen Nudeln auf einem bemehlten Brett mit den Fingern lockern, damit sie nicht zusammenkleben. Die weiche Butter in einer Pfanne zerlassen, aber nicht braun werden lassen. Die Nudeln darin unter ständigem Rühren garen. Die fertigen Nudeln mit einem Schaumlöffel aus der Pfanne heben und warm stellen.

Für das Lammragout das Pflanzenöl in einem Topf erhitzen. Das Lammfleisch darin anbraten. Dann die Zwiebelwürfel hinzufügen und mit anschwitzen. Mit Salz und Pfeffer würzen, mit Mehl bestäuben und mit dem Rotwein ablöschen. Die Flüssigkeit ein wenig einkochen lassen, dann mit der Brühe aufgießen und das Ragout etwa 20 Minuten köcheln lassen. Zum Schluss mit dem frisch gehackten Thymian vollenden.

Wie gut, wenn Sie »Essen und Schlofn« gebucht haben, denn ein feines Verdauungsschnäpschen braucht man danach.

Die Schnalser Nudeln schmecken übrigens auch als Dessert mit Preiselbeeren.

KLEIN, ABER OHO

Das Städtchen Glurns

Glurns hat nicht mal 900 Einwohner, ist aber tatsächlich eine Stadt, und zwar die kleinste und älteste Südtirols. Bevor ich begann, an diesem Buch zu arbeiten, wusste ich nicht mal, wo Glurns liegt, dafür aber wusste es Udo Bernhart. Der gebürtige Vinschgauer erzählte mir von Anfang an begeistert von dieser Ministadt, nahe der Schweizer Grenze, die schon in der Römerzeit ein wichtiger Verkehrsknotenpunkt war. Daher war ich sehr neugierig auf das romantische Städtchen mit den Laubengängen und dem mittelalterlichen Flair! Ich wurde nicht enttäuscht.

Um die kleinste Stadt rankt sich eine hübsche Geschichte: 1519 bis 1520 soll hier am Bezirksgericht Glurns der Glurnser Mäuseprozess stattgefunden haben. Diesen Prozess strengte die Gemeinde Stilfs gegen die Feldmäuse an, die großen Schaden in den Feldern angerichteten hatten. Er endete mit dem Urteil, dass alle »Lutmäuse das Gebiet von Stilfs in 14 Tagen für ewige Zeit zu verlassen haben«. Ob diese Geschichte stimmt, wer weiß? Aber ihr ist es zu verdanken, dass wir nun die feinen Glurnser Mäuse naschen können.

Die BÄCKEREI RIEDL gibt es seit 1944. Junior Alois Riedl ging als junger Mann in die Schweiz und erlernte dort das Konditorhandwerk. Als sein Vater erkrankte, musste er nach Hause, um die Bäckerei zu übernehmen. Da ihm aber Kuchen und Torten herzustellen mehr Freude bereitete, als Brot zu backen, erweiterte er die Bäckerei um die Konditorei. Bald darauf wurde er zum Bürgermeister gewählt und übte das Amt über 20 Jahre lang aus. Anlässlich einer Stadtfeier entstand die Idee, kleine Schokoladenmäuse anzubieten. Alois Riedl kaufte Mäuseformen und goss diese mit flüssiger Schokolade aus. Das sah zwar nett aus, aber seine Frau meinte, dass etwas fehlt. Das forderte ihn heraus, und er probierte und probierte, bis die Mäuse endlich so waren, wie sie es seit nun zehn Jahren gibt: Die Schokoladenhülle ist gefüllt mit einer feinen Schokocreme, darin stecken zwei geröstete Haselnusskerne. Die täglich frisch gemachten Mäuse gibt es abgepackt mit einem Handzettel zur Geschichte des Mäuseprozesses.

Verführerisch, kann ich nur sagen!

▸ Alois Riedl ist sichtlich stolz auf seine Glurnser Mäuse, und er ist es auch auf seine Stadt, die er jahrzehntelang als Bürgermeister betreute.

Glurnser Mäuse

SCOTLAND

ITALIENS ERSTE UND EINZIGE WHISKYBRENNEREI

Destillerie PUNI – Albrecht Ebensperger & Söhne

Whisky im Vinschgau – das klingt spannend! Also nichts wie hin! Die Bauarbeiten waren im April 2012 zwar noch in vollem Gange, aber gebrannt wurde bereits, und nur das zählt. Wie kommt man aber auf die Idee, im Vinschgau Whisky zu brennen? Albrecht Ebensperger ist ein erfolgreicher Bauunternehmer, der die Südtiroler schon mit mancher kuriosen Idee überrascht hat, jüngst nun mit der Herstellung eines Italian Single Malt. Nach einigen privaten Versuchen und vielen Besuchen in Schottland hat er auch seine Söhne Jonas und Lukas begeistert, die sich heute voll und ganz um die Brennerei kümmern.

Damit alles nicht nur funktionell ist, sondern auch richtig gut aussieht, haben sie den berühmten Südtiroler Architekten Werner Tscholl beauftragt. Und das, was dieser auf dem Grundstück der Familie Ebensperger errichtet hat, sucht seinesgleichen. Die PUNI-Destillerie ist von außen und innen ein Hingucker! Die Besucher können in einem beeindruckenden Ambiente zusehen, wie Whisky entsteht. Die schöne Brennanlage kommt aus Schottland und einige erfahrene schottische Whiskybrenner standen den Neueinsteigern beratend zur Seite.

Im Unterschied zum schottischen Whisky will die PUNI-Destillerie ihren Italian Whisky auch jung, als klares Destillat, auf den Markt bringen. Für die langjährige Reifung stehen aber schon über 900 Fässer bereit: gebrauchte Weinfässer von Südtiroler Winzern (von Gewürztraminer und Rosenmuskateller), Bourbon-Whisky-Fässer aus den USA und Marsalafässer aus Sizilien. In den letzteren sieht Familie Ebensperger eine freundschaftliche, harmonische Vereinigung von Nord- und Süditalien.

Die Destillerie wird wahrscheinlich dazu beitragen, dass wieder mehr Getreide auf den Hochebenen des Vinschgaus angebaut wird. Schon jetzt kommt der für den Whisky benötigte Roggen voll und ganz aus dem Vinschgau, Weizen und Gerste vorerst noch aus Bayern. »Was ist die wichtigste Voraussetzung um guten Italian Single Malt Whisky zu machen?«, frage ich den begeisternd erzählenden Jonas Ebensperger. »Viel Leidenschaft und Neugierde – und die haben wir!«

◂ Jonas und Lukas Ebensperger, die gemeinsam mit ihrem Vater Albrecht im Jahr 2012 die erste Whiskybrennerei Italiens eröffnen.

SIGNORA GLORIAS UNWIDERSTEHLICHES EIS

Die EISDIELE ORTLER in Schlanders

Wenn man nicht wüsste, wie gut das Eis bei *Signora* Gloria schmeckt – an der kleinen unscheinbaren EISDIELE ORTLER würde man glatt vorbeilaufen. Da aber die Einheimischen das Eis der Familie Arnoldo seit 1970 kennen und schätzen, erfahren das auch unweigerlich die Touristen, die in Schlanders oder Umgebung Urlaub machen.

Bereits in den Dreißigerjahren kamen die Brüder Giacomo, Angelo und Pietro Arnoldo in den Vinschgau. Hier wollten sie mit einem speziellen Eiswagen, der einer venezianischen Gondel glich, ihr täglich frisch gemachtes Eis anbieten. Die Familie stammte aus der Gegend um Belluno im Veneto, seit jeher als »Tal der Eismacher« bekannt.

Zu dieser Zeit war Speiseeis noch eine ziemlich exotische Nascherei, aber es dauerte nicht lange, bis die Vinschgauer von dieser Köstlichkeit begeistert waren. Der Aufwand, der betrieben wurde, um das Eis den ganzen Tag über gefroren zu halten, ist heute unvorstellbar. Im Sommer zog es Familie Arnoldo in den Vinschgau, um dann im Winter wieder nach Belluno heimzukehren, weshalb sie auch als Schwalben bezeichnet wurden. 1970 beschlossen Pietro, Glorias Vater, und ihr Onkel Giacomo, in Schlanders die erste Eisdiele zu eröffnen. Für Gloria, die von klein auf mithalf, kam im Leben nie etwas anderes infrage, als auch Eis zu machen. Und das macht sie bis heute, immer nach den Rezepten ihres Vaters. Bei der Auswahl der verwendeten Produkte liegt bei ihr die Latte hoch: Früchte nur aus der jeweiligen Saison, Schokolade vom Feinsten und hochwertigste Bourbonvanille aus Madagaskar. Keine Frage, dass auch die Eier, Milch und Sahne aus der Region kommen. Ihr Eis hat das DTP-Siegel, eine Zertifikation für allerbeste Eisqualität, die in Norditalien bisher lediglich sechs Eisdielen erhalten haben. Etwa 40 verschiedene Eissorten hat *La Signora* Gloria im Programm – immer der jeweiligen Saison angepasst. Favorit über all die Jahre ist ihr sensationelles Vanilleeis – allein dafür lohnt es sich, nach Schlanders zu fahren.

▸ *Signora* Arnoldo ist die »Grande Dame«, wenn es um das feinste Eis geht!

WO DIE GLÜCKLICHEN ZIEGEN WOHNEN

GAMSEGGHOF – *Familie Hohenegger*

Es ist Ende April, als wir zum GAMSEGGHOF fahren. Tags zuvor hat es geschneit, und als wir ankommen, überzieht eine zarte Schneedecke die Wiesen. Kurz darauf strecken die darunter bereits blühenden Krokusse ihre Blüten in die warmen Sonnenstrahlen. Wieder zeigt sich die Alm weiß – diesmal von den Krokusblüten. Aber wir sind nicht wegen der Krokusse gekommen. Ziegenkäse von der Alm – hergestellt auf biologische Weise – war das Objekt unserer Neugierde.

Während Udo die vorwitzigen Ziegen im neu erbauten Stall fotografiert, erzählt mir der 24 Jahre junge Vollerwerbsbauer Robert Hohenegger, wie es dazu kam, dass er und seine Familie Ziegenkäse herstellen: Vor etwa 15 Jahren schenkte Roberts Vater, Karl Hohenegger, ihm und seinem Bruder je eine Goaß. Nicht mal im Traum dachte Robert damals daran, dass die Ziegenwirtschaft einmal sein Haupterwerb werden würde. Er arbeitete damals in einer Baufirma, die Landwirtschaft betrieb er nebenbei. Im Laufe der Zeit vermehrten sich die Geißen, und die Hoheneggers begannen, darüber nachzudenken, was sie mit der Ziegenmilch machen könnten. Dem »Dadda«, wie in Südtirol der Papa genannt wird, tat es leid, die Milch lediglich in die Molkerei zu liefern. Darum absolvierte er einen Käsereikurs, baute eine moderne Käserei und machte sich im Alter von 50 Jahren selbstständig. Da auf knapp 2000 Metern Meereshöhe die Umstellung auf einen Biobetrieb nicht viel Aufwand bedeutete (die Umweltbelastung ist dort sowieso geringer), erfüllte die Familie Hohenegger bald die notwendigen Bedingungen. Seit 2003 ist der Hof biozertifiziert. Die verschiedenen GAMSEGG-Käse kann man natürlich direkt am Hof kaufen, es gibt sie aber auch im VINSCHGER BAUERNLADEN und bei PUR in Meran.

Robert Hohenegger ist zwar Käsesommelier, kümmert sich aber hauptsächlich um seine nunmehr 80 Ziegen und um die Vermarktung des Käses. Nach wie vor macht der »Dadda« den Käse, und die Mama kümmert sich um die fünf Kinder und um die Vermietung der vier Ferienwohnungen. Beeindruckend, wie innovativ man hier in einem über 300 Jahre alten Hof so hoch oben auf dem Berg arbeitet!

▸ Schon als Kind waren Ziegen die Lieblingstiere von Robert Hohenegger.

MARTELLTAL, DAS ERDBEERPARADIES

In der Höhe reifen Erdbeeren langsam, aber aromaintensiv

Landläufig wird das von steilen Berghängen flankierte Martelltal im Mittelvinschgau auch das »Erdbeertal« genannt: Im Hochsommer, wenn die Früchte ihren verlockenden Duft verströmen, verwandelt sich das Tal in ein wahres Erdbeerparadies. Das größte zusammenhängende Erdbeeranbaugebiet Europas liegt zwischen 900 und 1800 Metern Meereshöhe im Herzen des Nationalparks Stilfserjoch. Ihr ausgeprägtes Aroma verdanken die Bergerdbeeren dem milden und trockenen Klima sowie dem Wechsel zwischen warmen Tagen und kühlen Nächten. Hinzu kommt, dass die Erdbeeren wegen der Höhenlage sehr langsam wachsen, weswegen sich das Aroma viel intensiver entfalten kann. Wenn die oftmals wässrig schmeckenden, schnell herangezüchteten Erdbeeren längst vom Markt sind, zeigen die Marteller Erdbeeren, wie diese Frucht schmecken muss. Ein unbeschreiblicher Hochgenuss, für den allein es sich schon lohnt, ins schöne Martelltal zu fahren.

Die Erntezeit auf der Hochebene beginnt im Juni und endet in den höchstgelegenen Erdbeerfeldern oft erst Anfang September. In den Sechzigerjahren hat man auf der Hochebene angefangen, die begehrten Früchte anzubauen, und 1989 wurde die MEG, die MARTELLER ERZEUGER-GENOSSENSCHAFT gegründet. Heute betreuen 66 Mitglieder eine Anbaufläche von 90 Hektar und achten akribisch darauf, dass der Qualitätskreislauf ihrer schmackhaften Erdbeeren – vom integrierten naturverträglichen Anbau bis zum Verkauf – genau kontrolliert wird. So ist es möglich, jede Schale Erdbeeren bis zum Produzenten zurückzuverfolgen.

Dass diese unbeschreiblich köstlichen Früchtchen reich an Vitaminen, Mineralstoffen und Spurenelementen sind und zudem kaum Kalorien enthalten, ist eigentlich nur ein angenehmer Nebeneffekt.

Noch ein Tipp zum Schluss: An jedem letzten Juniwochenende wird im Martelltal das Erdbeerfest gefeiert, natürlich mit einer Erdbeerkönigin. Die besten Früchte werden prämiert, es gibt eine Riesenerdbeertorte und die nach meinem Empfinden aromatischsten Erdbeeren in Hülle und Fülle.

▸ Wenn die Erdbeersaison anderswo vorbei ist, beginnt sie erst im hochgelegenen Martelltal.

VINSCHGER MARILLENKUCHEN

Rezept von Mama Bernhart

FÜR DEN TEIG
400 g Weizenmehl, Type 405
1 TL Backpulver
200 g weiche Butter
150 g Kristallzucker
2 EL Vollmilch
Mark von ½ Vanilleschote

FÜR DEN BELAG
200 ml flüssige Sahne
100 g Kristallzucker
100 g gemahlene Mandelkerne
1 Ei
1 ½ kg Marillen (Aprikosen)
1 Handvoll ganze geschälte Mandelkerne

Für den Teig alle Zutaten in eine Schüssel geben und rasch zu einem glatten Mürbeteig verarbeiten. Den Teig zu einer Kugel formen, in Klarsichtfolie wickeln und 30 Minuten im Kühlschrank ruhen lassen.

Für den Belag die Sahne steif schlagen, dabei den Zucker hineinrieseln lassen. Dann die Mandeln und das verquirlte Ei untermischen.

Den Teig auf einem mit Backpapier bedeckten Backblech ausrollen. Die Sahne-Mandel-Mischung gleichmäßig darauf verteilen. Die Oberfläche glatt streichen. Den Backofen auf 165°C vorheizen.

Die Aprikosen waschen, trocknen, halbieren und entkernen. Die Aprikosenhälften mit der Schnittfläche nach oben gleichmäßig auf dem bestrichenen Teig verteilen. In jede Aprikosenhälfte einen Mandelkern legen. Den Kuchen 45 Minuten goldgelb backen.

Lauwarm schmeckt dieser feine Kuchen von Mama Bernhart (der Mama des Fotografen) am besten!

DAS ETSCHTAL

mit den Nebentälern Eggental, Überetsch, Fassatal, dem Meraner Land und Gampen- und Mendelpass

LIEBLICHE REBLANDSCHAFT, BURGEN UND SCHLÖSSER

Und überall Weinreben und Apfelplantagen

Die Etsch, im Italienischen *Adige*, ist der Fluss, der dem Etschtal seinen Namen gibt. Sie entspringt am Reschenpass in den Ötztaler Alpen und durchfließt erst den Vinschgau, vorbei an Meran und Bozen weiter Richtung Verona. Sie ist mit 415 Kilometern nach dem Po der zweitlängste Fluss Italiens. 220 Kilometer ihres Laufs liegen in Südtirol. Also der Vinschgau könnte auch Etschtal heißen, tut er aber nicht – denn die Gegend um Meran nennt man Meraner Land! Und wo bitte beginnt eigentlich das Etschtal? Kurzerhand habe ich beschlossen, dass es sich für mich von Meran bis nach Salurn erstreckt.

Und ich verbinde mit dem Etschtal vor allem eines: Wein! Eine liebliche Reblandschaft mit schmucken Weindörfern, prächtigen Burgen und Ansitzen schmiegt sich an die sanften Weinhügel von Meran bis Bozen. Kurz vor der Landeshauptstadt biege ich gerne ab Richtung Eppan und fahre die Weinstraße entlang. Eppan ist das größte Weinanbaugebiet Südtirols und für Weinliebhaber das reinste Paradies. Berühmte Weingüter reihen sich wie Perlen aneinander und bieten Genießern die Möglichkeit zum Verkosten und Einkaufen.

Einen sensationellen Überblick über das Tal hat man vom eindrucksvollen CASTEL HOCHEPPAN. Dessen Burgkapelle wird auch die »Sixtinische Kapelle des Alpenraums« genannt. In ihrem Inneren kann man einen gut erhaltenen Freskenzyklus bewundern, sicherlich einer der schönsten Südtirols. Berühmt ist vor allem die Darstellung der »Knödelesserin«. Apropos Knödel – die schmecken – in allen Variationen – in der Burgschenke köstlich. Ebenso wie der Speck und die Kaminwurzen, zu dem das Fleisch der im Schlossgraben glücklich lebenden Schweine verarbeitet wird. Die Burgpächter, Monika und Markus Tschigg, führen diese Schenke nun im zwölften Jahr, und sie sind es auch, die dafür sorgen, dass sich die gesamte Burganlage so schmuck präsentiert. Ich hörte munkeln, dass die Burg verkauft werden soll! Ich hoffe nicht, denn HOCHEPPAN gehört wegen seiner beeindruckenden Lage, der berühmten Fresken und nicht zuletzt als attraktives Wanderziel mit Einkehrschwung zu den ganz besonderen Attraktionen Südtirols.

◂ Blick von Altenburg auf den Kalterer See

DAS WOHLFÜHLHOTEL EINES MULTITALENTS

ROMANTIKHOTEL OBERWIRT in Marling

Viele Jahre ist es her, dass ich zum ersten Mal – während des MERANO WINE-FESTIVALS – beim OBERWIRT in Marling übernachtete! Der herzliche, familiäre Service, die gemischt italienisch-deutsche Gästeschar und nicht zuletzt die schmackhafte Küche sind mir in bester Erinnerung geblieben. Seither zieht es mich immer wieder in das schöne Romantikhotel, und jedes Mal gibt es etwas Neues zu bestaunen: Mal sind es die Zimmer, die geschmackvoll renoviert wurden, mal ist es ein Anbau, mal irgendeine Kleinigkeit – stets mit einem treffsicheren Gespür, Tradition und Modernität zu verbinden. Wie gerne sitze ich in den holzgetäfelten Stuben oder an der einladenden Bar und lasse mir von Zuzana, der charismatischen Barfrau, einen ihrer köstlichen Cocktails mixen.

Wer den OBERWIRT kennt, kennt auch den unnachahmlichen Charme des Hausherrn Josef Waldner, der insbesondere die Damen mit strahlenden Augen und stets herzlichem Lächeln aufmerksam betreut und gerne mit seiner einzigartigen OBERWIRT-Rose beschenkt. Ja, die Rosen – die sind eine der Leidenschaften von Sepp, und darüber möchte ich gerne ein wenig mehr wissen. An einem warmen Frühsommertage sitzen meine Freundin Ella und ich im romantischen Garten des OBERWIRTS, lassen uns Werner Seidners allerfeinste Gerichte schmecken, und Sepp erzählt uns aus seinem arbeitsreichen und abwechslungsreichen Leben.

»Ja, wo fange ich an?«, beginnt er. »Am besten beim Hotel! Seit 1749 ist das Anwesen im Besitz der Familie Waldner, und ich habe es bereits 1973 von meinem Vater übernommen. 1980 wurde unser Haus zum Erbhof ernannt, diese Auszeichnung erhält man nur, wenn ein Anwesen über 200 Jahre im Familienbesitz ist. Darauf ist unsere Familie stolz. Glücklich bin ich auch, dass meine über 80-jährige Mama Tag für Tag morgens die Gäste begrüßt und meine Tochter Barbara mich im Hotel unterstützt, wann immer es ihre Zeit erlaubt. Sie ist nämlich dreifache Mutter. Um die Zukunft des OBERWIRTS muss ich mir keine Sorgen machen, denn dank Barbara und ihrer Schwester Andrea habe ich fünf reizende Enkelkinder.«

▸ Blick vom *Rosarium*, dem Rosengarten von Josef Waldner, auf die Kirche von Marling

MALERISCHES DORF MIT GASTLICHER TAFEL

Genießen unterm Sternenhimmel

Viele Jahre ist es her, da gründete eine kleine engagierte Gruppe St. Paulser die WEIN-KULTUR-WOCHEN, und man bat mich, im Pfarrsaal eine Käse-Wein-Degustation zu halten. 2002 gab es die erste »Gastliche Tafel« unter der kulinarischen Leitung des Sternekochs Herbert Hintner, die sich in ihren nunmehr zehn Jahren zu einem gefragten Event entwickelt hat. Einmal hatte ich das Vergnügen, diesen wunderschönen Abend zu moderieren – zweisprachig, was mich ziemlich nervös machte. Aber alle waren so herzlich, dass jegliches Lampenfieber rasch von mir abfiel. Es war einer der Abende, die ich im Leben nie vergessen werde: Diese enge Gasse, durch die sich eine lange, liebevoll eingedeckte Tafel windet, links und rechts davon die malerischen Innenhöfe, in einem davon bereitete der Sternekoch seine Gerichte vor, ein anderer war reserviert für den Weinservice – und alles überspannt von einem faszinierenden Sternenhimmel. Romantik pur! Und obwohl es rundherum gewitterte, der liebe Gott hielt schützend die Hand über St. Pauls, vielleicht auch wegen der monumentalen Dorfkirche, die gerne auch »Dom vom Lande« genannt wird. Obligatorisch gibt es zu den Gerichten, die Herbert Hintner für die 300 Gäste zaubert, ausschließlich Weine aus der Gemeinde Eppan und Umgebung.

Das pittoreske Dorf selbst hat jedoch eine eigene Kellerei mit einer über 100-jährigen Geschichte und heute 250 Mitgliedern. Die KELLEREI ST. PAULS hat es in den vergangenen Jahren geschafft, mit charaktervollen Weinen auf sich aufmerksam zu machen. In der modernen, sympathischen Vinothek treffen sich Weinliebhaber, Winzer und Dorfbewohner, um bei einem guten Glas Wein ein wenig zu plaudern. Natürlich kann man die Weine verkosten, sich fachmännisch beraten lassen und kaufen.

Richtig nett sitzt man auch in der WEINBAR SCHRECKENSTEIN, die von Christine und Andreas Kössler charmant geführt wird. Im hübschen Innenhof kann man Weine der umliegenden Winzer zum Teil glasweise bestellen. Und damit der Wein nicht zu Kopf steigt, kann man einige kleine kulinarische Spezialitäten dazu genießen. Besonders gefragt sind die abwechslungsreichen köstlichen Bruschette.

◂ Die »Gastliche Tafel« ist das Highlight der WEIN-KULTUR-WOCHEN von St. Pauls.

PER ZUFALL ZUM TOPWEIN: SAUVIGNON ST. VALENTIN

Hans Terzer und die KELLEREI ST. MICHAEL

Bereits 1977 hat Hans Terzer als Kellermeister in der Kellereigenossenschaft ST. MICHAEL in Eppan angefangen! »Damals«, so erzählt er, »war man schon zufrieden, wenn man einen sauberen Wein zustande brachte – ohne Fehler, aber süffig. Den Trauben wurde relativ wenig Aufmerksamkeit geschenkt, man glaubte vielmehr an die Kellertechnik. Im Laufe der Jahre begann man umzudenken und erkannte: Qualität beginnt im Weinberg!«

Als ich Hans Terzer 1989 in der Kellerei besuchte, wurde gerade der erste Sauvignon der Linie St. Valentin in Flaschen gefüllt. Ich erinnere mich noch an die Geschichte, die er damals erzählte: »Bei einem Gang durch die Weinberge unserer Mitglieder verkostete ich eine Traube, stutzte und fragte Toni Kofler, der diese immer mit dem Weißburgunder in die Kellerei lieferte, welche es ist und woher sie kommt. Er erzählte mir, dass dieser Rebstock vor etwa 30 Jahren aus Terlan kam, dort in kleinen Mengen angebaut wird und Sauvignon heißt. Ich war begeistert von der Traube und ließ sie mal getrennt von den anderen ausbauen. Der Wein war frisch und lebendig, und ich beschloss, Sauvignon-Rebstöcke in unsere Weinlage St. Valentin, die ich für unsere hochwertigen Weine auserkoren habe, zu pflanzen.«

Bei unserem heutigen Treffen knüpft Hans Terzer daran an: »Du erinnerst dich, 1989 haben wir den ersten Sauvignon St. Valentin in Flaschen gefüllt – und von da an ging's rapide bergauf. Bereits vier Jahre später gab es die ersten drei Gläser für den Wein vom *Gambero Rosso* und das ist in seither ununterbrochener Folge so geblieben.« Der ruhige und auf den ersten Blick introvertierte Hans Terzer taut auf, wenn es um die Qualität der Weine geht. Er ist in Italien ein begehrter Gastredner in diversen Konsortien, Genossenschaften und bei Weindegustationen, denn seine Aussagen sind klar und überzeugend. Öffentlichkeitsarbeit nimmt heute viel seiner kostbaren Zeit in Anspruch! »Und wie sieht es mit der Freizeit aus?«, frage ich. »Ich bin gerne in meinem neu gebauten Haus inmitten der Weinberge, koche gerne und pflege meinen privaten Weinkeller, wo ich mit guten Freunden gerne ein Fläschchen oder mehrere meiner Weinraritäten leere.«

▸ Hans Terzer, ein Mann der ersten Stunde, wenn es um Qualität in Südtirol geht!

ST. MICHAEL-EPPAN
Kellerei | Cantina Produt

DIE REBELLISCHE WEINLEGENDE

Luis Raifer und die KELLEREI SCHRECKBICHL

Luis Raifer, der 1978 die Leitung der KELLEREI SCHRECKBICHL übernommen hat, gehört mit Alois Lageder und Sebastian Stocker (KELLEREI TERLAN) zu dem Triumvirat, das Südtiroler Weingeschichte geschrieben hat. Mit Willensstärke und Durchsetzungsvermögen schaffte es Luis Raifer, die Weinbauern zu überzeugen, dass weniger mehr sein kann. »Das klingt zwar aus heutiger Sicht einfach«, beginnt Luis zu erzählen, »aber damals galt: viele Trauben, viel Geld. Ich begann also, die hochwertigeren Trauben besser zu bezahlen, und das sprach sich herum. Hinzu kam, dass durch das bessere Traubenmaterial auch die Weine anspruchsvoller wurden und uns die Weinführer plötzlich hoch bewerteten.« Wenn man ihn so begeistert reden hört, kann man es nicht glauben, dass er die Leitung der Kellerei inzwischen tatsächlich an seinen Sohn Wolfgang abgegeben hat. Was natürlich nicht bedeutet, dass er die Tür zur Kellerei hinter sich geschlossen hat. Er steht seinem Sohn beratend zur Seite, besucht Restaurants, die Weine von SCHRECKBICHL auf der Karte haben, um zu hören, ob sie damit zufrieden sind, und hat endlich mehr Zeit, sich um seinen Garten, seine drei Hektar Weinberge und seine Apfelplantage zu kümmern. »Schön ist, dass ich noch ein wenig mitmischen kann, aber nicht muss!«, ergänzt Luis mit einem Augenzwinkern.

»Und wie geht es dem Sohn, wenn man in die großen Fußstapfen des Vaters tritt?«, frage ich Wolfgang. »Mein Vater hat mich auf diese Rolle im Laufe der Jahre vorbereitet. Als ich 1999 mein Studium beendet hatte, begann ich als Kellermeister in SCHRECKBICHL. Bald merkte ich jedoch, dass mir die Vermarktung mehr Freude macht, daher übernahm ich die Stelle des Verkaufsleiters. Als mein Vater dann 2010 beschloss, sich zurückzuziehen, war es naheliegend, dass ich seine Position übernehme.« – »Und was werden Sie ändern?«, frage ich. »Natürlich will ich auch meinen eigenen Stil umsetzen, so hatte zum Beispiel Papa einen eher ›diktativen‹ Führungsstil, ich hingegen setze auf Kommunikation!« Ich wünsche Wolfgang Raifer viel Glück auf seinem Weg! Er ist sicher gut beraten, die Erfahrungen seinen hochgeschätzten Vaters mit in die Arbeit einfließen zu lassen. Denn wie steht es in der SCHRECKBICHL-Broschüre: Charakter wächst mit den Jahren.

◂ Luis Raifer und sein Sohn Wolfgang, der nun die Geschicke der renommierten Kellereigenossenschaft leitet.

EIN PIONIER – AUCH FÜR GANZHEITLICHKEIT UND NACHHALTIGKEIT

Alois Lageder

Bereits in den Achtzigerjahren galt Alois Lageder als einer der vehementesten Verfechter für ein Umdenken im Südtiroler Weinbau. Er schaffte die damals übliche Literflasche ab und kämpfte mit einigen Mitstreitern für ein höheres Qualitätsbewusstsein. Alois Lageder, der in der fünften Generation das Familienweingut leitet, erwarb 1991 zusätzlich CASÒN HIRSCHPRUNN und mehr als über den geschichtsträchtigen Ansitz freute er sich über die dazugehörenden 32 Hektar Rebfläche. Es war die Zeit, in der er verstärkt begann, seinen lange gehegten Wunsch, Weine nach biodynamischer Methode zu produzieren, zu verwirklichen. Die Philosophie der Biodynamik ist bei Alois Lageder alles andere als eine trendige Vermarktungsidee, denn schon seine Mutter schwärmte davon. »Das Umsetzen war dann nur eine logische Schlussfolgerung. Glücklicherweise wurde ich auch sehr unterstützt – von meiner Frau und meinem Schwager und Önologen Luis von Dellemann, obwohl der anfangs dem Ganzen kritisch gegenüberstand. Ich erklärte ihm, dass diese Umstellung Zeit braucht, und das bestätigte sich. Die Erfahrung zeigt, dass sich Weine aus biodynamisch bewirtschafteten Rebstöcken ausgewogen und harmonisch, mit einer tiefen Komplexität und starker Ausdruckskraft präsentieren. Das kommt sicherlich auch daher, weil gesunde Pflanzen extreme Wetterverhältnisse viel besser aushalten. 2007 haben wir die ersten biodynamischen Trauben gelesen und nach den Demeter-Vorschriften gekeltert. 2009 war die Umstellung von 50 Hektar eigener Weinberge abgeschlossen und von Demeter zertifiziert«, erklärt der charismatische Winzer voller Stolz.
Für die qualitätsbewussten Weinbauern, die das Weingut mit Trauben beliefern, organisiert der leidenschaftliche Biodynamiker Schulungen sowie Arbeits- und Diskussionsgruppen zu diesem Thema. Er ist sehr glücklich, dass diese Initiative so gut ankommt. »Unsere schönen, natürlichen Weingärten und die ausdrucksstarken Weine überzeugen von selbst«, fügt Alois Lageder noch hinzu und hofft, dass nicht nur seine Traubenlieferanten, sondern auch weitere Weingüter in Südtirol verstärkt auf die ökologische Landwirtschaft setzen.

▸ Alois Lageder – nicht nur seiner Weine wegen eine der ganz großen Persönlichkeiten Südtirols

PARADEIS MIT LUXUSSUITE

Wie die 101. Suite des PARKHOTELS LAURIN nach Margreid kam

Sie ist wirklich ein kleines Paradies, die Weinschenke von Alois Lageder inmitten des Dörfchens Margreid. Die alten Gewölberäume der CASÒN HIRSCHPRUNN sind mit modernem Interieur ausgestattet. Einen schnellen Espresso trinkt man an der langgestreckten Bar; wer ein wenig entspannen oder in Ruhe die Lageder-Weine genießen möchte, zieht sich in die Schmökerecke mit viel Weinliteratur zurück. Schmackhafte Erinnerung an einen schönen Urlaub, wie zum Beispiel Konfitüren, Mostarde, Oliven oder feinstes Olivenöl, kann man dort ebenso einkaufen wie natürlich das gesamte Angebot der Lageder-Weine.

Ich sitze, wenn das Wetter mitspielt, am liebsten im aparten Innenhof bei einem Glas Beta Delta, einer feingliederigen, mineralischen Cuvée aus Chardonnay und Pinot Grigio. Dazu lasse ich mir die hausgemachten Nudeln schmecken, die je nach Jahreszeit mit anderem Gemüse oder Kräutern verfeinert werden. Aus zehn bis zu zwölf vorwiegend vegetarischen Gerichten kann sich der Weinliebhaber eine passende Begleitung zu seinen Weinen auswählen. Keine Frage, dass alles, was bei Alois Lageder auf den Tisch kommt, aus biologischem Anbau stammt.

Verführungen gibt es genug im PARADEIS – wie schön, wenn man dann nur ein paar Meter durch den prachtvollen Park zur LAURIN SUITE IM WEINGARTEN gehen muss. Ich hatte das Vergnügen, in der 101. Suite des Bozner PARKHOTELS LAURIN zu nächtigen! Leider regnete es die ganze Nacht, was aber bei dem stilvollen Ambiente nicht so tragisch war. Das Plätschern auf dem Dach hatte sogar etwas Beruhigendes. Wie kommt nun die LAURIN SUITE in den herrschaftlichen Park von Alois Lageders CASÒN HIRSCHPRUNN?

Vorab muss man wissen, dass der Besitzer des PARHOTELS LAURIN, Franz Staffler, und Alois Lageder Schulfreunde sind. Als das LAURIN in Bozen 2010 sein

100-jähriges Jubiläum feierte, kam Franz Staffler auf die Idee, zu diesem Anlass eine 101. Suite zu eröffnen, aber nicht im Haus, sondern am liebsten in einem Weinberg. Alles Weitere erklärt sich von selbst!

So wurde am Ende eines knirschenden Kiesweges inmitten der gepflegten Lagederschen Parkanlage ein Luxuscontainer aufgestellt und die Fassade so bemalt, dass sie an Baumrinde erinnert. Innen findet man alles, was man sich von einer Luxussuite erwartet, auch ein todschickes, geräumiges Bad! Man vergisst rasch, dass man in einem Container wohnt. Ursprünglich war geplant, die Suite nur im Jubiläumsjahr dort zu belassen! Aber der Container ist ständig ausgebucht, worüber der berühmte Winzer froh ist, denn in Margreid gibt es keinerlei Übernachtungsmöglichkeiten! Nun zumindest eine!

In der WEINSCHENKE PARADEIS erfuhr ich, dass es den meisten Frauen unheimlich ist, alleine inmitten des Parks zu übernachten. Ich aber fühlte mich pudelwohl, schenkte mir ein Glas Krafuss ein, lauschte dem Dauerregen und schlief wie ein Baby!

Inmitten des prachtvollen Parks der TENUTA LAGEDER befindet sich seit 2010 die 101. Suite des Bozner PARKHOTELS LAURIN. Wer Ruhe sucht, wird in dem geräumigen Luxuscontainer nichts an Annehmlichkeiten vermissen.

STUBE AUS DEM 14. JAHRHUNDERT – KÜCHE »UP TO DATE«

ZUR ROSE in Kurtatsch

Um in die Gasträume zu kommen, muss man erst mal über eine Treppe in den ersten Stock gehen. Dort geht allen, die alte Stuben lieben, das Herz auf. Die historische Stube rechts neben der Bar stammt aus dem 14. Jahrhundert und ist noch genauso wie damals, nur dass Doris Baldo die Tische mit feinem Geschirr und edlen Gläsern eingedeckt hat. Das war früher sicherlich nicht so nobel.

Seit 1997 führen Doris und Arno Baldo das im ganzen Umkreis – nicht nur wegen der schönen Stube – geschätzte Restaurant. Arno, der gelernte Koch, hat schon beim vorherigen Pächter gekocht! Als ihn der Besitzer des Hauses fragte, ob nicht er das Restaurant übernehmen wolle, besprach er sich mit seiner Frau, denn es war ihm wichtig, dass sie den Service übernimmt! Doris hat es nicht bereut, ihren Bürojob aufgegeben zu haben: Es macht ihr nicht nur Spaß, die Gäste zu beraten und zu bewirten, sie liebt es auch, gemeinsam mit ihrem Mann neue Rezeptkreationen zu entwickeln. Im Gegenzug besprechen sie auch gemeinsam die Weinkarte und vor allem, welche Weine zu den leicht bekömmlichen Gerichten passen.

»Die Speisekarte habe ich ganz langsam geändert, damit ich die Stammgäste von früher nicht verschrecke«, erzählt Arno Baldo, »aber seit 2001 sind meine Gerichte so, wie ich sie möchte: eine verfeinerte, leichte Regionalküche aus weitgehend heimischen Produkten. Die Karte ändere ich jede Woche, um sie der Saison anzupassen. Und wenn ich was Besonderes beim täglichen Einkauf entdecke, gibt es eben etwas, das nicht auf der Karte steht, und das empfiehlt dann meine Frau den Gästen.« – »Niemals fehlen dürfen jedoch die Schokoladentörtchen«, ergänzt Doris Baldo, »da wären unsere Stammgäste enttäuscht, die sind ein Selbstläufer bei uns.«

»So schön die heimelige Stube auch ist, aber im Sommer fehlt eine Terrasse«, klagt Doris Baldo, »deshalb machen wir auch im Juni Ferien«. Aber es ist eine Terrasse geplant, und dann kann man in der ROSE in Kurtatsch die wirklich exzellente Küche begleitet, von besten Südtiroler Weinen, auch im Freien genießen.

◂ Arno Baldo, Koch und Betreiber der ROSE in Kurtatsch, passt noch gerade so in den Türrahmen der wunderschönen Stuben aus dem 14. Jahrhundert.

GENUSSOASE NAHE DER AUTOBAHN

ANSITZ PILLHOF – Kathrin Oberhofer

Gerne nehme ich die Ausfahrt Bozen Süd, um nach wenigen Minuten in einer Oase der Ruhe zu landen, wo ich eine feine Pasta oder einen raffinierten Salat genießen und dazu ein Glas fantastischen Südtiroler Wein trinken kann. Ich kann nicht sagen, was mich am PILLHOF am meisten beeindruckt: Ist es der wunderschöne Ansitz aus dem 17. Jahrhundert oder der heimelige Innenhof, sind es die verlockenden Weinregale, die schmackhaften, kreativen Gerichte, ist es die profunde und charmante Weinberatung oder das stets verlockende Angebot an hochwertigen Olivenölen, feinstem Aceto balsamico, Pasta und vielem mehr …

Dass Kathrin Oberhofer das Handwerk der Gastronomie von der Pike auf gelernt hat, spürt man einfach! Als Tochter der Wirtsleute vom MARKLHOF, jahrzehntelang *die* Adresse im Unterland, war die Gaststube sozusagen ihre Kinderstube. Dennoch hat sie sich nach ihrer Ausbildung zur Sommelière entschieden, nicht zu Hause zu arbeiten! Sie übernahm statt dessen mit ihrem damaligen Freund ganz in der Nähe die VINOTHEK STROBLHOF, jahrelang sicherlich eine der beliebtesten Vinotheken im Unterland. Darum verstand niemand, weshalb die beiden dem STROBLHOF Ade sagten und den alten verfallenen ANSITZ PILLHOF zu einem Restaurant umbauen ließen. »Aber«, so Kathrin, »dieses alte Gemäuer war Liebe auf den ersten Blick!«

Nach aufwendigen Umbauarbeiten war 2003 die Eröffnung der VINOTHEK PILLHOF. Es gab viele Zweifler, aber es klappte – und darauf ist die hübsche Wirtin auch ein wenig stolz. »Mich freut es, dass ich so viele einheimische Gäste habe, denn ohne die wären die Wintermonate schwierig«, erzählt Kathrin. »Das liegt vielleicht daran, dass ich kein Restaurant im eigentlichen Sinne sein will, sondern ein Treffpunkt für Weinliebhaber, die Wert auf gutes Essen legen. Man kann bei mir einfach auch nur ein Glas Wein trinken, Auswahl hat man genug bei 600 Etiketten.«

Wie gastfreundlich die charmante Wirtin ist, zeigen auch die angenehmen Öffnungszeiten: durchgehend von 11 Uhr bis 24 Uhr!

▸ Kathrin Oberhofer ist eine große Weinkennerin und eine liebenswerte Gastgeberin.

estaurant
um Turm

BESONNEN UND BEHARRLICH ZUM ERFOLG

KELLEREI TRAMIN – Willi Stürz

Schon bei der Anfahrt zur KELLEREI TRAMIN hat man – allein wegen der beeindruckenden Architektur – den Eindruck, von zwei offenen Armen erwartet zu werden. Werner Tscholl, der berühmte Südtiroler Architekt, hat es geschafft, dem Bauwerk trotz seiner Funktionalität eine einladende Ausstrahlung zu verschaffen. Die Geburtsstätte der Kellerei wurde harmonisch mit dem modernen Trakt vereint, ohne dass auch nur ein Rebstock geopfert werden musste. Während wir durch die architektonisch entstandenen Glaswinkel die idyllische Aussicht bewundern, kommt auch schon Willi Stürz, um mit uns einen Rundgang durch die Kellerei zu machen. Auch im neuen Keller beeindruckt die Klarheit, die jedoch niemals kalt wirkt.

Dennoch freue ich mich, als der allseits geschätzte Kellermeister anfängt, einige Fläschchen zu öffnen, und über die Weine der KELLEREI TRAMIN und die Heimat des Gewürztraminers zu erzählen! Ich erfahre von ihm, dass die Traminer-Rebstöcke rund um Tramin tatsächlich bereits vor etwa 1000 Jahren verbreitet waren. »Dieser Tradition fühlen wir uns selbstverständlich als Kellerei des Dorfes verpflichtet, aber nicht nur deshalb: Unsere Lagen ermöglichen es, drei jeweils sehr individuelle Gewürztraminer zu vinifizieren. Der Gewürztraminer braucht nämlich ein alpin-mediterranes Klima. Viel Wärme am Tag und kühle Nächte. Denn nur so können sich die unverwechselbaren Aromen von Rosenblättern, Litschi und Nelken so prächtig entfalten!«, erzählt der leidenschaftliche Kellermeister. »Und woher stammen Sie?«, frage ich ihn. »Ich bin in Tramin geboren und aufgewachsen, und daher mit dieser Region tief verwurzelt. Wobei ich sagen muss, auch die Zeit in Veitshöchheim an der Bayerischen Landesanstalt für Weinbau war für mich sehr wichtig. Aber was gibt es Schöneres, als 20 Jahre in meiner Heimat erfolgreich zu arbeiten?« Der bodenständige Kellermeister hat es nicht nur geschafft, dass die Weine der KELLEREI TRAMIN laufend internationale Preise und Anerkennungen einheimsen, sondern auch, dass 90 Prozent der Ertragsflächen bereits heute herbizidfrei sind. Und Willi hat noch ganz, ganz viele Zukunftsvisionen …

◂ Weithin sichtbar, modern und funktionell: DIE KELLEREI TRAMIN; Kellermeister Willi Stürz: heimatverbunden mit Weitblick

SÜDTIROLS BERÜHMTE WEIN-POWERFRAU

Elena Walch

»Schon als Architektin war ich es gewohnt, mich in einer Männerdomäne zu behaupten«, erzählt die engagierte Südtiroler Weinfrau Elena Walch. »Deshalb hatte ich im Weinbusiness keine allzu großen Probleme. Denn schlussendlich zählt immer die Arbeit – man muss einfach besser sein als die anderen, egal ob Frau oder Mann.« Offen für alles sein, das war bereits der jungen Elena Walch sehr wichtig. Nach der Hochzeit mit Wilhelm Walch 1988, dem Besitzer des renommierten, gleichnamigen Weinguts in Tramin, entdeckte die wissbegierige Elena rasch ihre Leidenschaft für dieses Metier. Sie wollte ihren Mann bald überzeugen, dass man verschiedene Lagen sinnvoller nutzen sollte. Weil er von seiner Powerfrau überzeugt war, überließ er ihr einige seiner Weinberge, die sie allein verantwortlich betreuen sollte. Das neue WEINGUT ELENA WALCH war geboren und, wie man heute weiß, der Erfolg gab ihm und ihr Recht. Von Anfang an setzte die passionierte *Donna del Vino* auf internationale Rebsorten und auf die Steillagen Castel Ringberg über dem Kalterer See und Kastelaz. Auf der zuletzt genannten Lage gedeiht auch eine heimische Rebsorte: der grandiose Gewürztraminer, der mit seiner charakteristischen Finesse Weinfreaks in Entzücken versetzt. Erstes Aufsehen in der Südtiroler Weinszene erregte die dynamische Quereinsteigerin mit ihrem Chardonnay, den sie *Cardellino* nannte, und mit *Beyond the Clouds,* einer perfekten Cuvée, bei der der Chardonnay den Ton angibt. Die Rebstöcke der heimischen roten Rebsorte Lagrein sind auf der Lage Castel Ringberg bestens platziert, wie die fleischigen Rotweine mit seidigen Tanninen zeigen. Im Garten des Weinguts in Tramin kann man die Weine von Elena Walch verkosten und Kleinigkeiten dazu genießen. Durch die langgezogene Glasfront entlang der alten Steinmauer hat es der junge Architekt David Stuflesser geschafft, die Natur, den Stil des alten Weinguts und den Genuss harmonisch zu vereinen. LE VERRE CAPRICIEUX heißt diese Oase des Genusses im Park des Weinguts der erfolgreichen Winzerin in Tramin.

▸ Unbeirrbar ist Elena Walch, die engagierte Südtiroler Weinfrau, ihren Weg gegangen. Der Erfolg gab ihr Recht!

Hartmann, der gebürtige Altreier und seine Frau Sara, die aus der Cinque Terre in Ligurien stammt, sind Gastronomievollprofis. Die beiden haben sich ganz jung in einem Hotel im Fassatal kennengelernt. Hartmann erzählt: »Ich erinnere mich, dass wir Saras 18. Geburtstag miteinander gefeiert haben. Nun sind unser Sohn und unsere Tochter 17 und 18 Jahre alt.« – »Und wie ist es, wenn man den ganzen Tag zusammenarbeitet?«, frage ich. »Das ist manchmal nicht so leicht. Vormittags, wenn Sara in der Küche alles vorbereitet und ich Handlangerdienste mache, dann fällt mir dies und das ein. Aber Sara ist stumm und sagt nur ›*stai zitto*‹. Denn Sara spricht vorwiegend italienisch. Dann halte ich eben den Mund und freu mich auf die Zeit nach dem Service, dann ist sie wieder gesprächiger …«

2006 haben die beiden ihr neuerbautes Wirtshaus eröffnet und dank der feinen Küche von Sara und dem herzlichen Charme von Hartmann haben sie bereits einen unglaublich guten Ruf in Südtirol und im Trentino, das direkt vor der Haustür liegt. Sara kocht eine traditionelle Südtiroler Küche, der sie mit sicherem Gespür eine ligurische Leichtigkeit verleiht. Natürlich gibt es, wenn es die Jahreszeit erlaubt, frischen Pesto … Frische Kräuter und Gemüse werden im Garten nebenan geerntet und sofort verarbeitet. Sara hat auch einige spannende Gerichte mit dem berühmten Altreier Kaffee in petto: Aus Lupinensamen wurde in Altrei bereits vor 100 Jahren mangels richtiger Kaffeebohnen Kaffeeersatz hergestellt. Die Samen werden geröstet, gemahlen, mit 20 Prozent Gerste vermischt und zu koffeinfreiem Kaffee aufgegossen oder zu leckeren Gerichten weiterverarbeitet. Empfehlenswert sind auch die feinen Dessertvariationen vom Altreier Kaffee, und ehrlich gesagt, alles, was Sara so ruhig und still in der Küche zaubert.

Hartmann Varesco verwöhnt seine Gäste und kümmert sich um den Garten.

RAVIOLI AUS NUDELTEIG MIT ALTREIER KAFFEE

Rezept vom KÜRBISHOF

Für 4 Personen

FÜR DEN NUDELTEIG
150 g Weizenmehl, Type 405
10 g Altreier Kaffee
2 Eier
Salz

FÜR DIE FÜLLUNG
2 mittelgroße gekochte mehligkochende Kartoffeln
200 g frisch geriebener Bergkäse
2 EL gehackte Kräuter der Saison

AUSSERDEM
40 g Butter
einige Zweige Thymian
1–2 EL Gemüsebrühe
etwas frisch geriebener Grana Trentino zum Bestreuen

Das Mehl mit dem Altreier Kaffee in einer Schüssel vermischen. In die Mitte eine Mulde drücken und die Eier hineingeben. Etwas Salz hinzufügen und alles mit einer Gabel verquirlen. Das Gemisch mit den Händen rasch zu einem glatten Nudelteig verarbeiten und diesen zugedeckt etwa 30 Minuten ruhen lassen.

Für die Füllung die Kartoffeln schälen und fein reiben. Mit dem Käse und den Kräutern vermischen und das Gemisch zu einer elastischen Masse verarbeiten.

Den Nudelteig auf einer bemehlten Arbeitsfläche dünn ausrollen und mit einem Wellenausstecher (ca. 10 cm Durchmesser) Kreise ausstechen. In die Mitte jedes Kreises mit einem Teelöffel etwas Füllung geben. Die Kreise auf die Hälfte zusammenfalten, die Ränder andrücken und die Teigtaschen so aufstellen, dass sie wie Hahnenkämme aussehen.

Die Ravioli in leicht siedendem Salzwasser wenige Minuten garen. Die Butter in einem kleinen Topf aufschäumen lassen, die Thymianzweige und die Brühe hinzufügen und die gut abgetropften *Creste di gallo* (»Hahnenkämme«) darin schwenken. Mit frisch geriebenem Grana Trentino bestreuen, sofort servieren.

DAS SARNTAL

WANDERN MIT EINKEHRSCHWUNG

Die Sarntaler Alpen

Man muss nicht gleich den beliebten Hufeisenweg wandern, der sich über sieben Tage von Gipfel zu Gipfel der Sarntaler Alpen zieht, um diese herrliche Landschaft ins Herz zu schließen. Die Tour heißt so, weil sie die Sarntaler Alpen mit ihren 140 Gipfeln und den reizenden Dörfern und Almen hufeisenförmig erschließt. Nach der Wanderung versteht man auch, dass das Sarntal mit 303 Quadratkilometern flächenmäßig die größte Gemeinde Südtirols ist. Das urige Tal blieb bisher vom Massentourismus noch relativ verschont und ist somit für Bergsteiger, Mountainbiker, Wanderer und, nicht zu vergessen, Genießer ein lohnendes Ziel.

Der Jaufenpass trennt den Alpenhauptkamm von den Sarntaler Alpen. Deren höchster Gipfel ist der Hirzer mit 2781 Metern Meereshöhe. Von Saltaus führt eine Seilbahn auf den Hirzer, der Berg ist also ebenso wie der Ritten nördlich von Bozen bequem zu bezwingen. Auf dem Ritten kann man übrigens nicht nur toll einkehren, sondern auch ein geologisches Phänomen bestaunen: die Erdpyramiden.

Die gesunden Wirkstoffe der Latschenkiefern, welche im Sarntal noch zu Hauf zu finden sind, werden in vielen Hotels im Wellnessbereich eingesetzt. Die Einheimischen nennen die Latschen oft auch »Bergsegen«, weil sie seit jeher als Heilmittel bei den unterschiedlichsten Wehwehchen eingesetzt werden. Mittlerweile haben sogar viele Köche den raffinierten Wohlgeschmack der Latsche erkannt und verwenden das heimatliche Urgewächs gerne in der Küche.

Und weil die Winter auf den abgelegenen Berghöfen lang waren, blühte hier das Handarbeiten, sei es Federkielsticken, Handweben, Drechseln oder Korbflechten. Und man glaubt es kaum, aber diese kunsthandwerklichen Arbeiten werden auch heute noch gepflegt.

Im Sarntal macht das Wandern richtig Spaß, weil es viele gute Almhütten gibt, mit köstlichen Sarner Spezialitäten wie Gerstensuppe, Schwarzplentknödel (Buchweizenknödel) oder Schöpsenem (Lammfleisch). Ein kleines Plätzchen im Magen sollte man sich auf jeden Fall bewahren für das Sarner Nationalgebäck, die Striezel, die aufwändig in der Zubereitung sind und daher eine echte Herausforderung für jede Köchin.

◂ Blick über Lengstein am Ritten, im Hintergrund links die Seiser Alm, rechts der Lang- und Plattkofel

SOMMERFRISCHE MIT TRAUMBLICK

LANDGASTHOF ZUM HIRSCHEN in Jenesien

Oft schon habe ich die Wegweiser nach Jenesien gesehen, wenn ich die Ausfahrt Bozen Süd genommen habe, und dachte mir stets: Da muss ich mal hin. Schwärmte mir doch ein Freund, der in Jenesien geboren wurde, immer wieder vor, wie schön es da oben ist! »Jenesien darf in deinem Buch keinesfalls fehlen«, meinte er. »Da sind die Städter schon in den Fünfzigerjahren hinaufgefahren in die sogenannte Sommerfrische! Also nichts wie rauf!« Endlich mal eine Straße, die nicht nur für geübte Südtiroler Slalomautofahrer gut zu bewältigen ist! Je weiter wir nach oben kommen, umso fantastischer wird die Aussicht! Von der Terrasse des LANDGASTHOFS ZUM HIRSCHEN hat man einen spektakulären Blick auf Bozen, den Schlern und den wunderschönen Rosengarten!

Bereits in der dritten Generation führt Familie Oberkofler den Landgasthof, der zur Gruppe »Südtiroler Gasthaus« gehört. Von Anfang an führten die Frauen die Regie im Gasthaus und im dazugehörenden kleinen Hotel, und das sieht man an den vielen charmanten Details. Dafür ist Petra Oberkofler zuständig – sie ist es, die sich mit Freude um die Deko in der Locanda kümmert, während ihre Schwester Maria eher ein Zahlenmensch ist. Sie managt das Familienunternehmen, und Mama und Papa sind glücklich, dass sich die beiden Schwestern so gut ergänzen und den Gastronomiebetrieb leidenschaftlich führen. »Die Liebe zu unserem Landgasthof ist uns scheinbar in die Wiege gelegt worden«, erzählt Maria. »Wir können nicht anders und freuen uns täglich, an so einem schönen Fleckchen Erde leben und arbeiten zu dürfen.« – »Und womit beschäftigen sich die Oberkofler-Männer?«, frage ich nach. »Die kümmern sich um die dazugehörende Landwirtschaft. Das Fleisch, das bei uns auf den Tisch kommt, ist vom eigenen Hof und das Gemüse aus Bauerngärten der Nachbarschaft«, erzählt Petra. Daraus bereitet die junge Chefköchin Maria Theresia köstliche Gerichte zu. Ihr Kochstil ist leichtbekömmlich und mediterran angehaucht, ohne aber die traditionellen Speisen zu vernachlässigen. Die ANTICA LOCANDA AL CERVO (so heißt der Hirschenwirt auf Italienisch) vereint auf sympathische Weise Althergebrachtes mit Zeitgemäßem. Von hier aus ist es über den Tschögglberg nicht weit zur Sektkellerei von Joseph Reiterer.

▸ Die beiden Schwestern Petra und Maria Oberkofler führen sehr herzlich den LANDGASTHOF ZUM HIRSCHEN in Jenesien.

RISERVA
2007

DER ALLERHÖCHSTE SPITZEN-TALENTO

ARUNDA VIVALDI – Joseph Reiterer

Sie wissen nicht, was Talento ist? Talento steht auf den Arunda-Sekten von Joseph Reiterer, und es bedeutet: Es sind Flaschengärsekte. Talento ist kein Fantasiename des Produzenten, sondern eine hochoffizielle, von Rom nach vielen Jahren des Wartens bestätigte Bezeichnung für Flaschengärsekte *metodo classico,* für die eine Gruppe hochkarätiger italienischer Sekterzeuger, allen voran auch Joseph, genannt Sepp, Reiterer gekämpft hat. So viel dazu. »Aber was bedeutet Arunda?«, frage ich den allseits beliebten Sektmacher. »Arunda ist ein Berg im Vinschgau, wir möchten damit unsere Heimatverbundenheit signalisieren. Vivaldi hingegen steht für die Internationalität, die uns sehr wichtig ist.«

Sepp Reiterer ist ein Südtiroler Urgestein, vielleicht liegt seine Heimatverbundenheit daran, dass er schon als 16-Jähriger von zu Hause wegging, um sich im Ausland den Wind um die Nase wehen zu lassen. Wieder zurück in Mölten, auf dem Tschögglberg, 1200 Meter über dem Meeresspiegel, gründete er eine Sektkellerei – die höchstgelegene Sektkellerei Europas. »Ich dachte eigentlich an eine Schnapsbrennerei, aber meine Frau Marianne liebte immer schon die Perlen – sie überzeugte mich, Sekt statt Schnaps zu machen«, erzählt Sepp und fügt hinzu: »Und recht hat's g'habt!«

Los ging es 1976 mit 300 Flaschen, bereits nach einem Jahr waren es 10 000 und heute sind es 100 000 Flaschen, die im Keller reifen. Diese stetige Steigerung liegt zum einen an der exzellenten Qualität der neun verschiedenen Talento-Typen zum anderen daran, dass Sepp in der Weinszene bekannt und sehr geschätzt ist. Wenn es irgendwo etwas zu feiern gibt, dann ist er mit den Arunda-Perlen präsent, nach dem Motto: Tue Gutes und sprich darüber, besser gesagt, probier es! Vor Kurzem hat Sohn Michael den Kochberuf an den Nagel gehängt und widmet sich seither mit seinem Vater der perlenden Begleitung feiner Gerichte.

Seiner geliebten Frau Marianne widmete Joseph Reiterer einen ganz besonderen Talento, den er 48 Monate auf der Flasche reifen lässt und der mit seiner Saftigkeit und dem opulenten Abgang Sektfreunde begeistert.

◂ Nachdenklich, aber sehr gelassen schaut er, der Sepp Reiterer, Sektguru von Südtirol!

WENN'S DEN BOZNERN ZU HEISS WIRD …

… gehen sie auf die Berge

Und davon gibt es ja direkt vor der Haustür eine stattliche Auswahl. Beliebt, nicht nur bei den Boznern, ist der Ritten. Man kann ihn per pedes erobern, aber einfacher ist es, die Seilbahn zu nehmen und dann den beschilderten Wanderwegen zu folgen, um der heißesten Stadt Italiens zu entfliehen. Sie dürfen sicher sein, dass, sobald Sie der Durst oder Hunger plagt, eine Buschenschänke oder ein Wirtshaus auftaucht. Für ganz Hungrige und Wandermuffel empfiehlt sich der Wanderweg Nr. 26, der von der Endstation der Seilbahn über blühende Wiesen, begleitet von Vogelgezwitscher, in weniger als einer Dreiviertelstunde zum KINIGHOF führt.

Ausrangierte Pfannen und Töpfe, Schneebesen und Seiher klappern vor dem KINIGHOF im Wind und signalisieren dem müden Wanderer: Hier gibt es Stärkung. Und auch wenn Ihr Appetit nicht so groß ist, er kommt garantiert, wenn Sie die Teller mit Gröstl oder dem feinen Kinigschmarrn sehen. Alles, was auf den Tisch kommt, stammt vom Hof und wird von der Bäuerin Benedikta Zwerger Pechlaner schmackhaft zubereitet. Neben Speck und Würsten ist auch das selbst gebackene Brot unwiderstehlich. Im Sommer sitzt man unter den schattigen Bäumen vor dem Hof, bei regnerischem Wetter ist die alte holzgetäfelte Stube so gemütlich, dass man nicht mehr weitergehen möchte.

Das sollten Sie aber, denn der Ritten bietet noch viele weitere »Boxenstopps«. Da ist zum einen der SIGNATERHOF – zu nahe am KINIGHOF, um schon wieder Halt zu machen – aber falls Sie mal wieder unterwegs hier sind: unbedingt merken, denn das Gasthaus ist bekannt für seine sehr gute heimische Küche.

Niemals vergesse ich die Rippelen aus dem Ofen vom BAUMANNHOF. Goldbraun und knusprig schmurgeln sie im Backofen und verströmen ihren verlockenden Duft. Lediglich Vegetarier können hier einfach vorbeigehen.

Sollten sie aber nicht, denn die Mali, so wird Amalie Höller von allen genannt, hat auch Köstliches ohne Fleisch, wie zum Beispiel Gerstnsupp oder Schlutzer (mit Spinat gefüllte Teigtaschen). Setzen Sie sich also zu der heiteren, buntgemischten Gästeschar, die eines verbindet: die Liebe zu Malis Schmankerln.

▸ Immer im Visier, wenn man auf dem Ritten wandert: der Rosengarten

ALLES WIE IMMER – UND IMMER GUT

Der PATSCHEIDER HOF

Ich freute mich riesig auf den Besuch beim PATSCHEIDER HOF auf dem Ritten! Dreißig Jahre ist es bestimmt her, dass wir jeden Herbst dort oben von einer Buschenschänke zur anderen gewandert sind. Der PATSCHEIDER war schon damals sehr gefragt. Gründe: die wunderschöne alte Stube, die schöne Aussicht und die schmackhaften Traditionsgerichte. Niemals habe ich die saftigen Kalbshaxen aus dem Ofen vergessen oder die feine, mit Sahne gefüllte Kastanientorte. Meine Freude ist riesig, als ich die Stube betrete: Exakt wie damals! Natürlich hat Alois Rottensteiner heute eine moderne Küche, aber der Hof aus dem 15. Jahrhundert hat nichts vom Charme der vergangenen Zeit eingebüßt.

Seit dem 19. Jahrhundert ist der Bauernhof aus dem 16. Jahrhundert in Besitz der Familie Rottensteiner, und seit 1930 gibt es hier den Buschenausschank. Familie Rottensteiner hat diesen anfangs als Nebenerwerb zur Landwirtschaft betrieben. Während Alois schon immer eine Liebe fürs Kochen hatte, war die Gastronomie für seinen Bruder eher ein Klotz am Bein. Deshalb teilten sie den Hof auf. Nun kauft Alois das Fleisch und all die anderen Produkte, die er zum Kochen braucht von seinem Neffen, der jetzt die Landwirtschaft betreibt.

1983 wurde der PATSCHEIDER HOF ein Restaurant und das bedeutet, dass nun die Gäste das ganze Jahr hindurch bewirtet werden dürfen. »Hat sich dadurch die Küche geändert?« – »Nein, nicht wesentlich«, meint Herr Rottensteiner. »Der Schwerpunkt liegt nach wie vor auf den heimischen Gerichten, wie zum Beispiel dem Bratl aus dem Ofen, Knödel in allen Variationen und Tiroler Gröstl. Und unsere legendäre Kastanientorte gibt es im Herbst nach wie vor. Meine Küche war und ist regional, traditionell und immer an die Saison angepasst«, sagt er, und bringt mir, weil Spätherbst ist, ein Stück von der leckeren Kastanientorte und dazu ein Glaserl neuen Wein. Da werden Erinnerungen wach, und es ist unglaublich wohltuend, nach all den vielen Jahren den PATSCHEIDER HOF und Alois Rottensteiner fast so wie damals wiederzuerleben.

▸ Immer noch wie anno dazumal – die schöne Stube vom PATSCHEIDER HOF und ebenso schön der dazugehörende Wirtsgarten.

MODERNE WEINE MIT TRADITIONELLER SEELE

WEINGUT ANSITZ WALDGRIES

Auf dem Weingut von Elisabetta Foradori stellte mir Jörg Linke Christian Plattner vor, einen jungen Winzer aus Südtirol. Wir bestaunten gemeinsam die Amphoren im Keller und lauschten den begeisternden Erklärungen zum biodynamischen Anbau der beeindruckenden Trentiner Winzerin. Zum Abschied schenkte mir Herr Plattner eine Flasche Lagrein aus seinem Keller. Als ich zu Hause die Flasche Lagrein Mirell genussvoll leerte, beschloss ich: Dieses Weingut schaue ich mir an.

Der im 12. Jahrhundert erbaute ANSITZ WALDGRIES liegt inmitten des klassischen Magdalener Anbaugebietes. »Dieses einzigartige Mikroklima garantiert den Trauben seit jeher eine gleichmäßige Reife«, erklärt mir Christian Plattner. »Ich habe mal vorgehabt, rein biologisch zu arbeiten, aber in unseren Lagen haben wir zu viele Probleme mit dem Mehltau, um den Vorschriften der Bio-Zertifizierung gerecht zu werden. Deshalb habe ich es wieder sein lassen, obwohl ich so naturnah wie nur möglich arbeite«, erläutert der leidenschaftliche Winzer.

»Was unterscheidet einen normalen Vernatsch vom St. Magdalener?«, will ich wissen. »Ganz einfach: Der Unterschied ist die Lage, und die ist rund um unseren Ansitz perfekt für den Vernatsch!« Ich kann, nachdem ich ihn probiert habe, nur zustimmen: kraftvoll und dennoch süffig, wie er sein muss. Die alten Spielarten des Vernatsch, unter anderem der Grau-, Mittervernatsch oder der Tschaggerle Vernatsch liegen Christian Plattner besonders am Herzen. Dass es sinnvoll ist, diese alten Rebsorten zu retten, zeigt der Antheos – ein Wein, ausschließlich aus alten Vernatschsorten, der 2010 zum ersten Mal in Flaschen gefüllt wurde. Übrigens: Das Etikett zeigt eine Turmuhr, die auf fünf vor zwölf steht!

Einen Namen hat sich das Weingut aber mit seiner Interpretation des Lagrein gemacht. So reifen die Trauben für den Mirell an 40- bis 50-jährigen Rebstöcken. Großartig vollmundig, kraftvoll und ewig lang. Nebenbei bemerkt ist ANSITZ WALDGRIES ein sehenswertes Weingut mit einem schmucken kleinen Weinmuseum! Und: Man sollte nicht vergessen, falls er nicht schon wieder ausverkauft ist, einige Fläschchen Sauvignon mitzunehmen.

◂ Christian Plattner blickt zuversichtlich in die Zukunft mit seinen Weinen aus traditionellen Rebstöcken.

MIT MUSIK GEHT ALLES BESSER …

ERBHOF UNTERGANZNER – *Josephus und Barbara Mayr*

… und das trifft auf Familie Mayr hundertprozentig zu. Wann immer es die Zeit erlaubt, wird musiziert. Frau Barbara spielt Klavier, Josephus schlägt die Pauke und natürlich spielt jedes der vier Kinder auch ein Instrument – ein perfektes Familienorchester. »Wenn meine Frau nicht jeden Tag Klavier spielen kann, dann fehlt ihr was, so wie mir das Glaserl Wein«, verrät, verschmitzt lachend, der begnadete Winzer. Josephus Mayr ist auf dem Hof, der sich – weil er über 200 Jahre im Familienbesitz ist – Erbhof nennen darf, geboren und aufgewachsen. Josephus gehört zur zehnten Generation, die hier am äußersten Rand des Bozner Beckens Wein keltert.

Ich war ganz schön überrascht, als ich die enge Einfahrt direkt am stark befahrenen Kampillerweg (Via Campiglio) sah, und zweifelte leicht, dass hier der hochgeschätzte UNTERGANZNERHOF sein soll. Ist man aber am Hof angekommen, der umgeben ist von einer mediterranen Pflanzenpracht, vergisst man die Straße schnell. Das Prachtstück ist ein uralter Maulbeerbaum! Geht man zum nahen Etschufer, säumen Feigenbäume den Weg. Und selbstverständlich gibt es auch einen Olivenbaum, die heimliche Liebe des Winzers. »Mich hat schon immer fasziniert, dass diese Bäume auch im Winter grüne Blätter tragen, und deshalb begann ich bereits in den Achtzigerjahren, Olivenbäume zu pflanzen. Die stehen allerdings an der geschützten Porphyrwand auf der anderen Seite der Etsch. 25 verschiedene Olivensorten habe ich gepflanzt, um zu testen, welche am widerstandsfähigsten gegen Kälte sind. Bislang habe ich 400 Bäume, aber ich werde noch dieses Jahr meinen Olivenhain um 500 Bäume erweitern«, erzählt er. Anfangs reichte der Ertrag an Olivenöl gerade für die Familie, heute ist es bereits so viel, dass man es ab Hof kaufen kann – es ist das »nördlichste Olivenöl« der Welt! Ein fantastisches Öl mit frischen grasigen Aromen. »Aber eigentlich seid ihr ja zum Weinverkosten gekommen«, meint Josephus Mayr und führt mich gemeinsam mit Herbert Taschler, einem Südtiroler Kollegen, und Udo in die Küche, wo schon – ich weiß nicht wie viele Flaschen – auf uns warten!

Wir starten mit einem 1995er Lagrein Kretzer. »Es ist auch für mich immer wieder interessant zu schmecken, wie diese Weine altern«, erklärt Josephus. »Und der ist doch noch fein zu trinken«, fügt er stolz hinzu. Wahrhaftig, das überrascht uns alle: Aromen, die an Erdbeerkonfitüre erinnern, und eine noch lebendige Säure. Es folgt eine Probe durch verschiedene Jahrgänge seiner hervorragenden Lagrein-Weine, und dann kommt der Reif ins Glas. Eine Cuvée aus Lagrein und Cabernet Sauvignon. Abgerundet wird unsere Verkostung mit einem für Südtirol außergewöhnlichen Wein, dem Lamarein. Der Name ist ein Wortspiel aus Lagrein und Amarone – und das ist auch das Geheimnis dieses dichten, beerensüßen und eleganten Rotweins. Für ihn werden die Trauben zweieinhalb Monate in Kästen auf dem luftigen Speicher getrocknet. Anschließend reift der vergorene Saft in neuen Holzfässern 17 Monate.

Mein Fazit: Josephus Mayr ist ein Winzer, der voller Leidenschaft immer wieder Neues wagt, gleichgültig, ob es der Nachfrage auf dem Markt entspricht. Er hat einfach Spaß am Ausprobieren, und wenn es mal nicht so klappt, holt er seine Pauke und trommelt seine Familie zum Musizieren zusammen …

Weinverkostung auf dem ERBHOF UNTERGANZNER

DIE DOLOMITEN

DIE DOLOMITEN

Faszinierendes Weltnaturerbe

Die unvergleichliche, tief beeindruckende Schönheit der Dolomiten verzaubert seit jeher die Menschen und bewog die UNESCO im Juni 2009 das Gebiet zum Weltnaturerbe zu erklären. Benannt sind die Dolomiten nach dem Geologen Déodat de Dolomieu (1750–1801), der dieses Gebirge als Geologe und Mineraloge erforschte. Die mächtigen Berggipfel sind wahre Naturskulpturen, die unterschiedlicher nicht sein könnten. Der Schlern und der Sellastock gleichen eher Tafelbergen, während die Drei Zinnen und der Rosengarten zerklüftet sind und wie Finger in den Himmel ragen. Die Dolomiten breiten sich auf 141 910 Hektar aus, und das nicht nur in Südtirol, sondern auch in den angrenzenden Regionen Trentino, Venetien und Friaul-Julisch Venetien.

Dieses einzigartige und abwechslungsreiche Bergmassiv bietet eine Traumkulisse für Wanderer, Kletterer, Mountainbiker und Skifahrer. Atemberaubende Wanderwege in allen Schwierigkeitsgraden, abenteuerliche Klettersteige, idyllische Bergseen und blühende Almwiesen – das alles noch relativ unberührt und unverfälscht – findet man in den Dolomiten. Aber auch stark frequentierte Skipanoramapisten mit sensationellen Abfahrten bis in die Täler. Und nicht zu vergessen eine weitere Einzigartigkeit: eine stattliche Anzahl an Sterneköchen.

Die älteste im Zentralbereich der Dolomiten beheimatete Sprache ist das Ladinische. Der rätoromanische Volksstamm, der diese Sprache spricht, ist vor allem in den vier Tälern Grödnertal, Fassatal, Buchenstein und Gadertal (Badia) rund um den Sellastock angesiedelt. Die Ladiner haben sich dank ihres Fleißes und ihres Ehrgeizes ihre Eigenständigkeit bewahrt und sind stolz auf ihre Herkunft. Die Küche der Ladiner ist eine traditionelle Bauernküche! Die wenigen verfügbaren Lebensmittel regten die Fantasie und die Kreativität der Hausfrauen an, und so entstanden köstliche Gerichte, die heute wieder, ein wenig fettärmer, *en vogue* sind und selbst Sterneköche inspirieren. Wer die ursprüngliche ladinische Küche kennenlernen möchte, findet im Adressteil einige gute Restaurants und Bauernhöfe.

◂ Die Dolomiten sind ein Paradies für Kletterer, Bergsteiger und Bergwanderer – hier eine Impression aus der Region der Drei Zinnen.

DER KOCHKÜNSTLER AUF DER SEISER ALM

Die GOSTNER SCHWAIGE *– Franz Mulser*

Die Seiser Alm ist eine (fast) autofreie Zone, auch wenn eine gut ausgebaute Straße nach oben führt. Die Zufahrt ist nur zu gewissen Zeiten erlaubt und selbst die Einheimischen haben großen Respekt vor diesem Reglement. Also wie kommen wir zur GOSTNER SCHWAIGE? Hinauffahren bis 9.00 Uhr wäre zwar möglich, aber zurückfahren kann man erst wieder um 17.00 Uhr. Was so lange tun, dachte ich vor unserem Termin, um die Zeit der Rückreise zu überbrücken … Also nahmen wir die Gondel, und freundlicherweise holte uns Franz Mulser von der Bergstation ab. Ein bisschen sind wir schon aufgefallen unter all den Skifahrern, vor allem ich, mit meinem leichten Schuhwerk. Es war Mitte März, und obwohl es Frau Holle im Winter 2012 nicht gerade gut gemeint hat mit Südtirol, waren die Pisten gut präpariert. Dennoch, den nahenden Frühling konnte man bereits erahnen.

Es ist sogar so angenehm warm, dass wir vor der Hütte Platz nehmen können, um ein wenig zu plaudern. Franz Mulser trägt statt der Kochmütze einen Tiroler Filzhut und statt der Kochjacke einen blauen Tiroler Schurz. Seine Küche in der kleinen Berghütte ist zwar mit modernster Technik ausgestattet, aber kaum drei Quadratmeter groß. Um da zu kochen, muss man schon supergut organisiert sein, noch dazu bei der Raffinesse seiner Gerichte. »Die Gäste müssen halt ein wenig warten, aber das machen sie auch gerne«, erzählt er und fährt fort: »Außerdem gibt es ja bei uns guten Wein und eine traumhafte Landschaft zum Bestaunen, da vergeht die Zeit des Wartens wie im Flug.« – »Wieso kocht so ein begnadeter Koch auf einer Berghütte?«, frage ich Franz, und er beginnt in seiner ruhigen Art zu erzählen: »Eigentlich wollte ich als Kind nicht Koch werden! Erst, als ich mal bei meinem Onkel im Hotel während der Saison aushalf, kam ich auf den Geschmack und begann daraufhin eine Kochlehre. Anfangs war es mehr ein Beruf als eine Berufung. Meine große Leidenschaft war damals das Snowboarden. Ich war im Nationalteam und ziemlich erfolgreich. Mit 17 Jahren hörte ich von heute auf morgen damit auf und widmete mich voll und ganz dem Kochen. Meine kulinarische Wanderschaft startete ich mit 18 Jahren. Ich arbeitete bei Hans Haas im ›Tantris‹, bei den Brüdern Obauer in Werfen, im ›Ca's Puers‹ von Eckart Witzigmann

◂ Ein heißes Heusüppchen gefällig? Franz Mulser von der GOSTNER SCHWAIGE auf der Seiser Alm

auf Mallorca und – leider nur für kurze Zeit – bei Harald Wohlfahrt. Wie besessen habe ich mich aufs Kochen konzentriert, es gab nichts anderes mehr für mich. Zu der Zeit bekamen meine Eltern den Ausschank auf der GOSTNER SCHWAIGE zugesprochen – und damit erfüllte sich mein Kindheitstraum: kochen auf einer Hütte auf der Seiser Alm. Ich baute die Hütte nach meinen Bedürfnissen um, und wir eröffneten im Sommer 2001! Und seither ist das mein Alltag, der mich glücklich macht.«

Und uns auch, denn nun beginnt Franz Mulser, das Mittagessen zuzubereiten. Es gibt seine Version des norddeutschen Klassikers »Bohnen, Birnen und Speck« – einfach himmlisch. Ich hätte am liebsten noch eine zweite Portion gegessen, aber der nächste Gang, der »Ossobuco vom Milchferkel in Lagrein geschmort auf Polenta« ist ebenso unglaublich köstlich. »Das A und O sind halt die hochwertigen Produkte, die mir hier zur Verfügung stehen«, erklärt Franz. »Vieles stammt von unserem Bauernhof, den ich mit meinen Eltern und meiner Frau Petra in Kastelruth betreibe. Mama bringt mir im Sommer über dreißig verschiedene essbare Blütensorten vom Berg und sammelt die Kräuter für den Tee, den man nur hier oben bekommt.«

Auf seine außergewöhnlichen, mit Latschenkieferzapfen, Zirbelnüssen und Wurzeln angereicherten Gerichte kam er, weil ihm sein Opa erzählt hatte, dass er sich, um dem Militärdienst zu entgehen, zwei Jahre in den Wäldern versteckt hatte und sich ausschließlich von Kräutern und Wurzeln ernährte. Er hat von den geheimnisvollen Aromen erzählt, die sein Enkel nun bestens in Szene setzt.

Man kann die GOSTNER SCHWAIGE aber nicht verlassen, ohne vom verführerischen Apfelschmarrn mit Fichtenhonig und Blüten genascht zu haben. Das Rezept hat mir Franz Mulser verraten, seine legendäre Heusuppe, in der Brotschüssel serviert, bleibt hingegen sein Geheimnis. Um zum Anfang zurückzukommen: Es wäre nicht schlimm gewesen, wenn wir erst gegen Abend wieder ins Tal hätten fahren können …

▸ Inmitten einer faszinierenden Bergwelt – im Winter perfekt zum Skifahren, im Sommer zum Wandern, liegt die GOSTNER SCHWAIGE von Franz Mulser. Wenn ihm gerade danach ist, holt er seinen alten Holzofen heraus und bäckt seinen allseits beliebten Apfelschmarrn.

Gostner
Schwalge

APFELSCHMARRN MIT FICHTENHONIG

Rezept von Franz Mulser, GOSTNER SCHWAIGE

Für 4 Personen

FÜR DEN TEIG
150 g Weizenmehl, Type 405
150 ml Vollmilch
50 ml flüssige Sahne
1 Prise Salz
1 Prise Kristallzucker
6 Eier, verquirlt

FÜR DIE ÄPFEL
4 Äpfel (Gravensteiner oder Stark, je nach Jahreszeit)
½ Zitrone
4 EL Kristallzucker
1 Schuss Südtiroler Weißburgunder
250 g naturtrüber Apfelsaft
etwas Zimtrinde
2 Gewürznelken
2 EL flüssiger Fichtenhonig

ZUM AUSBACKEN UND GARNIEREN
3–4 EL neutrales Pflanzenöl
etwas Butter
etwas Puderzucker
1 Handvoll getrocknete Bergblüten
1 EL Zimtzucker

Für den Teig das Mehl mit der Milch, der Sahne, dem Salz und dem Zucker in eine Schüssel geben und zu einem glatten Teig verrühren. Den Teig 30 Minuten ruhen lassen. Dann vorsichtig die verquirlten Eier unterziehen.
Die Äpfel entkernen und in kleine Würfel schneiden (Kantenlänge ca. 1 cm) und mit etwas frisch gepresstem Zitronensaft beträufeln.

Den Zucker in einem Topf karamellisieren. Den Karamell mit dem Weißwein ablöschen, anschließend mit dem Apfelsaft aufgießen und die Apfelwürfel sowie die Zimtrinde und die Gewürznelken hinzufügen. Einmal aufkochen, dann den Fichtenhonig unterrühren und den Topf vom Herd nehmen. Den Sirup im geschlossenen Topf etwa 1 Stunde ziehen lassen. Danach Gewürze entfernen.

Das Pflanzenöl in einer großen Pfanne erhitzen und den gesamten Teig hineingießen. Die marinierten Apfelwürfel dazugeben und den Pfannkuchen auf der Unterseite goldbraun anbraten. Den Pfannkuchen dann vorsichtig wenden und auch die zweite Seite goldbraun backen. Mit zwei Gabeln in Stücke reißen, etwas Butter dazugeben, mit Puderzucker bestäuben und bei starker Hitze karamellisieren. Mit getrockneten Bergblüten garnieren und mit Zimtzucker bestreuen.

GEISTREICHER GENUSS

Die SCHNAPPSBRENNEREI ZU PLUN

Schnaps wurde auf dem aus dem 14. Jahrhundert stammenden Plunhof schon immer gebrannt, früher allerdings nur für den Eigenbedarf. Vor gut 15 Jahren hat Florian Rabanser den Hof auf der Seiser Alm erworben, um spanische Pferde zu züchten. Die viele Arbeit in seinem PARC HOTEL FLORIAN machte ihm bald einen Strich durch die Rechnung, und er gab die Pferdezucht auf. Es dauerte aber nicht lange, da begeisterte ihn ein Gast aus Modena für Aceto balsamico. Immer wieder fuhr er deshalb in die Metropole des Balsamico, um mehr darüber zu erfahren. Sein Ziel war es, selbst Essig zu machen. Jedoch nicht wie in Modena aus Trebbianowein, sondern aus Lagrein, den er sieben Jahre in immer kleiner werdenden Fässern aus Eichen-, Kastanien- und Kirschholz reifen lässt. Das feine fertige Produkt heißt Balsamessig, da Aceto balsamico eine DOP-geschützte Produktbezeichnung ist, die nur Essige aus Modena tragen dürfen.

Nachdem das mit dem Essig gut ging, reizte es Florian, das alte Brennrecht des Hofes wieder zu aktivieren. Der Tüftler gab sich aber nicht mit einem normalen Obstbrand zufrieden, er probierte die unterschiedlichsten Obstsorten aus, vorwiegend aus biologischem Anbau. Seine Schnäpse werden alle zweimal gebrannt und mit einem Alkoholgrad von ca. 42 Prozent in Flaschen abgefüllt, wo sie dann, je nach Sorte, bis zu einem Jahr lagern.

»Für mich ist wichtig, dass die Schnäpse rein und unverfälscht sind, deshalb wird bei mir kein Zucker beigefügt! Außerdem ist Zucker was für kleine Kinder, und die trinken keine Schnäpse«, fügt der leidenschaftliche Brenner noch hinzu.

Natürlich brennt Florian Rabanser auch Grappe aus den Trestern befreundeter Winzer aus dem Eisacktal und dem Unterland, und zudem ist er der einzige Brenner in Südtirol, der Rum destilliert. »Der Aufwand, die Melasse zu finden, war schwieriger als das Brennen selbst«, erzählt er voller Begeisterung. Nach dem Destillieren lagert der Rum in Barriquefässern, bis er die gewünschte Weichheit erreicht hat. Er hält mir voller Stolz ein Gläschen seines aromatischen Rums unter die Nase. Wow! Karibikfeeling auf der Seiser Alm!

▸ Florian Rabanser in seinem von ihm sehr ansprechend gestalteten Degustations- und Verkaufsraum

FEIES DA SONJ (»KARTOFFELPLATTLAN«)

Rezept aus der FANA LADINA

Für 4 Personen

FÜR DIE KARTOFFELPLATTLAN

500 g mehligkochende Kartoffeln
1 Prise Salz
2 Eier
50 g flüssige Butter
100–150 g Weizenmehl, Type 405
neutrales Pflanzenöl zum Ausbacken
etwas grobes Meersalz

FÜR DAS SAUERKRAUT

500 g Sauerkraut (wir nehmen Vinschger Sauerkraut)
1 EL Butter
½ Zwiebel, in kleine Würfel geschnitten
1 EL Weizenmehl, Type 405
1 TL Kümmelsamen
1 Lorbeerblatt
einige Wacholderbeeren
etwas Wasser
Salz

Für die »Plattlan« die Kartoffeln in reichlich Wasser weich kochen, schälen, mit Salz bestreuen und durch eine Kartoffelpresse drücken.

Die Eier, die flüssige Butter und das Mehl dazugeben und alles zu einem elastischen Kartoffelteig verkneten. (Bei Bedarf etwas mehr Mehl hinzufügen.)

Den Teig mit einem Nudelholz zu einem ca. 5 mm dicken Rechteck ausrollen. Dieses in rechteckige Stücke (»Plattlan«) schneiden. Das Öl in einem großen Topf erhitzen und die »Plattlan« darin goldgelb ausbacken. Die »Plattlan« mit einem Schaumlöffel aus dem Öl heben und auf Küchenkrepp abtropfen lassen, dann mit etwas grobem Meersalz bestreuen.

Das Sauerkraut unter fließendem kalten Wasser gut waschen, dann durch ein Sieb gießen. Die Butter in einem großen Topf zerlassen. Die Zwiebelwürfel darin goldgelb anbraten, dann mit dem Mehl bestäuben und verrühren. Das Kraut, die Kümmelsamen, das Lorbeerblatt und die Wachholderbeeren hinzufügen und etwas Wasser angießen. Das Sauerkraut 20–30 Minuten köcheln lassen. Abschließend mit Salz abschmecken und mit den »Plattlan« servieren.

TIPP

Damit das Kraut einen leicht geselchten Geschmack erhält, schmoren wir gerne ein Stück Selchkarree mit. Die »Kartoffelplattlan« schmecken auch mit Preiselbeeren sehr gut.

DIE STERNEKÖCHE SÜDTIROLS

ZURÜCK ZU DEN WURZELN

*Norbert Niederkofler – ST. HUBERTUS ** im HOTEL ROSA ALPINA*

Norbert Niederkofler kenne und schätze ich seit sehr vielen Jahren. Natürlich ist über ihn, den sicherlich international bekanntesten Sternekoch Südtirols, unendlich viel geschrieben worden. Ich nehme dennoch gerne wieder die kurvige Höhenstraße vorbei am Sellajoch in Kauf, um mit ihm persönlich zu plaudern. Warum? Weil er etwas zu sagen hat!

Als ich ihn besuche, ist das Hotel noch geschlossen. Es wird erst am folgenden Tag öffnen, aber Norbert ist längst vor Ort, um die beginnende Sommersaison mit seiner Crew zu besprechen. Dieses Mal hat sich der weltoffene, aus dem Ahrntal stammende Spitzenkoch während der Ferien (nach Ostern bis Mitte Juni ist in der Alta Badia nämlich tote Hose) wieder mal etwas ganz Besonderes einfallen lassen: eine Bergküche! Das bedeutet, dass die Produkte aus Bergregionen kommen müssen, was nicht heißt, dass sie ausschließlich von der Alta Badia stammen. Das wäre doch ein wenig einseitig!

»Wie bist du auf diese Idee gekommen?«, frage ich den modisch gekleideten Spitzenkoch und jungen Vater. »Vor drei Jahren war ich mal einige Wochen in Nepal, und da hat mich unter anderem inspiriert, was dieses Bergvolk dort mit dem Wenigen, das es hat, doch Schmackhaftes zubereitet. Ich entdeckte Parallelen zu Südtirol. Zudem hat sich, seit mein Sohn Thomas auf der Welt ist, meine Lebenseinstellung ein wenig geändert. Ich mache mir nun noch mehr Gedanken darüber, was wir unseren Kindern vermitteln und hinterlassen. Deshalb beschäftige ich mich derzeit intensiv mit der Küche der Bergregionen.« – »Und was heißt das für die Gourmets, die ins Restaurant ST. HUBERTUS kommen?« – »Ich hoffe, dass ich meine Idee bis zum Winter 2012 so perfekt umsetzen kann, dass keiner Meeresfische und -früchte oder Foie gras vermisst. Wir starten im Sommer mit den Vorbereitungen, um all das Köstliche, das die Natur in den Bergen gedeihen lässt, für den Winter auf althergebrachte Weise zu konservieren. Neben einigen noch geheimen Rezepten habe ich schon vier bis fünf raffinierte Gerichte mit Graukäse in petto. Superfein und jetzt schon ein Hit: der Risotto mit Graukäse.«

Ich glaube, dass gerade die echten Gourmets unendlich gespannt sind auf das, was sich der weltenbummelnde Pustertaler Spitzenkoch einfallen lässt. Ich jedenfalls freue mich darauf!

FANTASIE, LEIDENSCHAFT UND RESPEKT VOR DEM PRODUKT

*Gerhard Wieser – TRENKERSTUBE ** im HOTEL CASTEL*

Auf meine Frage, ob sich seit dem zweiten Stern bei ihm etwas geändert hat, antwortet Gerhard Wieser: »Nichts hat sich geändert, ich koche nicht für die Gourmetführer. Auch wenn so eine Auszeichnung natürlich Freude macht, ich koche in erster Linie für mich! Wenn es dann meine Gäste schätzen und ich ihnen einige glückliche Stunden bereiten konnte, ist das die höchste Belohnung. Die *complimenti* der Genießer bekomme ich täglich, ein Führer erscheint einmal im Jahr!« Solche Aussagen sind typisch für den bescheidenen und beliebten Sternekoch.

Gerhard Wieser hat bei all seinem Können und dem Hang zur Perfektion der großen Kochkunst nie vergessen, dass er nicht nur das Laufen, sondern auch die ersten Schritte beim Kochen bei seiner Mutter im Pustertal gelernt hat. Sicherlich ein Grund, weshalb er sich auch heute noch so für die ganz alltägliche, aber gute Küche einsetzt, zum Beispiel durch seine Mitarbeit bei einigen Südtiroler Kochbüchern. Anstelle der in Mode gekommenen Kochschulen hat sich Gerhard Wieser entschlossen, kochinteressierte Gäste in seine Küche einzuladen. Jeweils maximal sechs Neugierige haben das Glück, mitzukochen oder einfach nur zuzuschauen. Zum Schluss wird natürlich noch gemeinsam gespeist – vom Feinsten, versteht sich! Live is life!

»In den Wintermonaten ist das Nobelhotel geschlossen. Was machen Sie, um Energie zu tanken?«, frage ich den locker wirkenden, aber stets konzentrierten Sternekoch. »Was macht ein Pustertaler? Ich fahre mit meiner Frau Karin und meinem Sohn Paul ins Pustertal – Freunde besuchen und Ski fahren! Zwischendurch reise ich gerne in andere Länder, um bei Sternekochkollegen mein Wissen zu erweitern.« Aber wenn man die Laufbahn des begnadeten Spitzenkochs ansieht, der sich ausschließlich in Südtirol hochgearbeitet hat, dann sind es vielleicht doch nicht die Lehrjahre bei großen Meistern in der ganzen Welt, sondern vielmehr ein angeborenes Gespür für hochwertige Qualität, eine Portion Kreativität, Leidenschaft und eine Prise Südtiroler Ehrgeiz, die seinen Erfolg erklären.

ZIELSTREBIG ZUM STERNENHIMMEL

*Martin Obermarzoner – VITALRESTAURANT JASMIN ** im HOTEL BISCHOFHOF*

Mit Schüssel und Schneebesen hat er schon als kleiner Junge in der Küche seiner Mutter hantiert, der berufliche Werdegang war also abzusehen. Zum Abschluss der Lehre schenkte ihm sein Onkel dann ein Kochbuch von Raimund Frötscher, einem bekannten Südtiroler Koch, das ihn unglaublich faszinierte! Deshalb ging er zu Armin Mairhofer, dem ehemaligen Souschef von Herrn Frötscher, der damals ein Restaurant in Brixen betrieb. Nach einigen Stationen in Südtirol führte ihn sein Weg zu Heinz Winkler. »Bei ihm sammelte ich nicht nur die Erfahrung, in einem großen Team zu arbeiten, mich faszinierte vor allem seine absolute Perfektion. Das versuche ich nun tagtäglich in meiner kleinen Küche umzusetzen.«

Gerne wäre Martin Obermarzoner noch länger dort geblieben, aber seine Eltern baten ihn, nach Hause zu kommen. Er stimmte zu, unter der Bedingung, dass er im Hotel seiner Eltern ein kleines Restaurant nach seinen Vorstellungen eröffnen darf. 2001 war es so weit: endlich im eigenen Restaurant nach eigener Vorstellung kochen. Bereits vier Jahre später wurde seine Arbeit mit dem ersten Michelinstern belohnt. Kurz nach der Hochzeit erhielt er als jüngster Koch Südtirols den zweiten Stern. Knapp vor der »Androhung« seiner Frau Marlis, dass sie ihn erst heiratet, wenn er den zweiten Stern hat. Und nun ist ihr gemeinsames Ziel der dritte Stern und dann ein Baby.

Im JASMIN ist es schon ein wenig anders als in anderen Sternerestaurants. Wer bis 17.00 Uhr nicht reserviert hat, hat Pech, denn es gibt lediglich ein Menü, das Marlis Obermarzoner mit den Gästen vorab bespricht. »Jedes Menü ist in sich stimmig und wie ein Konzert aufgebaut«, erklärt sie, »wobei natürlich auf Allergien und Abneigungen Rücksicht genommen wird.« Pro Abend werden maximal zwanzig Personen von Martin Obermarzoner verwöhnt, und das macht er ganz allein. Er hat keine Küchenbrigade, nicht mal eine Hilfskraft am Abend – eine echte »One Man Show«. Den Service hat seine Frau Marlis voll im Griff, und sie stimmt die Weine exakt auf das Menü ihres Mannes ab.

la siriola
la Siri

LES SPÉCIALITÉS
MAGGI
PROFITENT À TOUT MÉNAGE
BEURRE D'ISIGNY
BRETEL FRÈRES
VALOGNES (FRANCE)

TRADITION MIT WELTOFFENHEIT

*Andrea Fenoglio – Restaurant SISSI **

Andrea Fenoglio ist im Piemont geboren, aber bereits im zarten Alter von acht Monaten übersiedelten seine Eltern nach Meran. Schon von Kindesbeinen an war der kleine Andrea am liebsten in der Küche bei seiner Mutter, die aus dem Stubaital kam. Er sah zu, wie sie ganz eigene Rezepte entwickelte und zubereitete. Mit sechs Jahren erklärte er seinem Vater, dass er Koch werden möchte. Einverstanden. »Kindheitsträume«, dachte der Vater. Als er ihn aber nach Abschluss der Mittelschule erneut fragte, antwortete Andrea: »Ich habe es dir doch schon mal gesagt, ich will Koch werden!« Der Vater warnte ihn vor diesem Beruf: wenig Freizeit, anstrengende Arbeit, ungünstige Arbeitszeiten – das muss man sich gründlich überlegen! »Aber«, so sagte Papa Fenoglio, »wenn du es machen willst, dann mach es gut!« Und das machte Andrea! Nach Abschluss der Hotelfachschule kochte er in verschiedenen Restaurants in Südtirol. 1991 eröffnete er sein erstes Restaurant in der Plankensteinstraße und nannte es SISSI. In diesem kleinen Restaurant gab es eine Mischung aus Piemonteser Kindheitserinnerungen und den sensationellen Rezepten seiner Mutter. Mitte der Neunzigerjahre war er bei Ferran Adrià im ›El Bulli‹! Der begeisterte ihn, obgleich er wusste: Eine Kopie will er nie machen, denn keiner kann sein wie dieser Koch, er ist ein Genie.

2005 allerdings, nach einem Besuch im berühmten Restaurant ›Alkimia‹ in Barcelona, begann er umzudenken. Diese Küche faszinierte ihn. Deshalb bat er Jordi Vilà, den Küchenchef, ob er eine Woche bei ihm arbeiten dürfe. »Ich habe einen neuen Freund gewonnen und neue Techniken kennengelernt«, erzählt Andrea mit leuchtenden Augen. »Seinen Kochstil kann ich hier zwar nicht so direkt umsetzen, denn die Leute kommen nicht zu mir, um unsere Techniken kennenzulernen, sie kommen, weil sie gut essen möchten«, fährt Andrea fort. »Aber dennoch hat es meine heutige Kochweise geprägt.« Der Vater kann stolz sein, denn 2009 erhielt Andrea Fenoglio einen Michelinstern! Dennoch bleibt seine Philosophie: »Gäste sollen bei mir drei Stunden (meist werden es mehr) Urlaub vom Alltag machen!«

DER HEIMATVERBUNDENE KOCHKÜNSTLER

*Peter Girtler – GOURMETSTUBE EINHORN * im ROMANTIK HOTEL STAFLER*

Koch wollte Peter Girtler von Kindheit an werden, deshalb begann der in der Nähe von Sterzing geborene Peter eine Kochlehre im HOTEL STAFLER in Mauls. Nachdem ihm das Kochen so viel Freude bereitete, wollte er weitere Erfahrungen im Ausland sammeln. Er bewarb sich mit einem Freund im Hilton in München, und auf dem Weg dorthin machten die beiden einen Stopp beim Südtiroler Starkoch Heinz Winkler, der in Aschau kocht. Als sie mit ihm ins Gespräch kamen, bemerkte Heinz Winkler, er könnte gerade einen guten Koch gebrauchen. Das klang sehr verlockend, aber zum einen wollten sie gemeinsam in einem Restaurant arbeiten, und zum anderen war das Vorstellungsgespräch im Hilton fest ausgemacht. Als aber der hochgeschätzte Sternekoch beiden anbot, bei ihm zu arbeiten, war München vergessen.

Für Peter Girtler eröffnete sich nun eine neue faszinierende Welt des Kochens. Nach knapp einem Jahr verließ er Aschau, um bei Gerhard Wieser im Dorf Tirol zu arbeiten. Es folgten einige weitere Stationen, bis er schlussendlich doch – weil er heimatverbunden ist und der Liebe wegen – ins STAFLER zurückkehrte. Dieses Mal als Küchenchef! Das ROMANTIK HOTEL STAFLER hat einen ganz eigenen Charme. Der Prospekt ist gespickt mit liebenswerten Zitaten berühmter Menschen, wie zum Beispiel – was ich besonders passend fand – von Ephraim Kishon zum Thema Wellness: »Wenn man beginnt, seinem Passbild ähnlich zu sehen, sollte man in den Urlaub fahren.« Aber nicht allein wegen der Wellness, in erster Linie wegen der sensationellen *piatti* von Peter Girtler kommen die Gäste gerne ins STAFLER. Insbesondere die mediterranen, raffinierten Vorspeisen und die exquisiten *dolci* finde ich grandios und unwiderstehlich.

In der GOURMETSTUBE EINHORN fühlt man sich fast wie zu Hause, nur dass immer wieder ein guter Geist mit auf der Zunge zergehenden Kompositionen des sympathischen Sternekochs vorbeikommt!

2009 wurden Peter Girtlers kreative Kochkunst und sein Gespür, Aromen harmonisch zu vereinen, zu Recht mit einem Michelinstern belohnt, den er seither mit Bravour verteidigt hat. Ich hätte ihm für die sensationellen Vorspeisen und die sündig-leckeren Desserts auch einen zweiten gegönnt.

SUPERBASIS: DIE BÄUERLICHEN WURZELN

*Luis Haller – GOURMETRESTAURANT * im Hotel CASTEL FRAGSBURG*

Ich vermutete bereits, als ich den Saibling in fünf Variationen genussvoll verspeiste, dass der Koch eine ganz enge Verbundenheit zum heimischen Produkt haben muss. Bei der Frische und der Qualität des Süßwasserfisches vermisst keiner die sonst in Sternerestaurants üblichen Kreationen aus Meeresfischen. Jeder Bissen das reinste Vergnügen, und das ging mir bei dem Dreierlei vom Kalb genauso. Der Geschmack des Ursprungsprodukts steht im Vordergrund, nicht die Gewürze. Auf der traumhaft schönen Terrasse des RELAIS & CHÂTEAUX HOTELS CASTEL FRAGSBURG treffe ich den jungen sympathischen Luis Haller, der hier die Gäste seit einigen Jahren kulinarisch verwöhnt.

»Wenn ich das Menü, das ich gerade mit Wonne verspeist habe, richtig interpretiere, hat bei Ihnen das heimische Produkt einen hohen Stellenwert?«, frage ich ihn. »Ja, das ist richtig! Ich bin etwa zehn Kilometer von hier im Passeiertal auf einem Bauernhof aufgewachsen. Schon als Kind habe ich mitbekommen, wie man Speck macht, wie Gemüse angebaut wird, und wir haben natürlich auch in den Bergbächen geangelt. Hochwertige Qualität war auf den Bauernhöfen damals was ganz Normales. Da alles selbst erzeugt wurde, wusste man, dass die Lebensmittel in Ordnung sind. Heute muss man leider danach suchen, und es wird immer schwieriger! Mir hat schon immer der Umgang mit Lebensmitteln Spaß gemacht, deshalb war ich überzeugt, dass Koch der richtige Beruf für mich ist. Während der Lehre wuchs meine Kochleidenschaft weiter! Ich wollte mehr davon verstehen und ging deshalb auf Wanderschaft ins Ausland, um neue Erkenntnisse zu sammeln. Das Heimweh trieb mich aber wieder zurück nach Südtirol! Ich begann bei Peter Girtler im HOTEL STAFLER zu arbeiten, und das war eine wichtige Zeit für mich! Peter förderte mich und machte mir Mut, selbst Küchenchef zu werden. Er vermittelte den Kontakt zu Alexander Ortner, dem Besitzer der FRAGSBURG, und ja, nun bin ich da!« Und gemeinsam mit Alexander Ortner ist er glücklich, dass er 2010 seinen ersten Michelinstern erhielt.

BEWÄHRTES ERHALTEN – NEUES STETS VERSUCHEN

*Herbert Hintner – ZUR ROSE * in Eppan*

Die Liebe zur guten heimischen Küche bekam Herbert Hintner sozusagen in die Wiege gelegt. Im Gsieser Tal, wo er als ältestes von drei Geschwistern aufwuchs, wird seit jeher das traditionelle Brauchtum gepflegt, das immer einherging mit ganz speziellen Gerichten. Das begeisterte den neugierigen Bub, und es prägte ihn. Als er dann Mitte der Siebzigerjahre seine Kochlehre beendete, wuchs seine Neugierde auf Gerichte aus aller Welt, die bis heute geblieben ist. Neue Produkte, die ihn anfangs fast verwirrten, begann er, zu erforschen und richtig einzuordnen, um sie dann gezielt zu verwenden. Dieses Suchen und Verstehen neuer kulinarischer Eindrücke ist bis heute geblieben.

»Um die heimische Küche richtig wertzuschätzen, muss man erst mal die Nase in fremde Töpfe stecken«, meint der leidenschaftliche Koch. »Und das habe ich ausgiebig gemacht«, fügt er hinzu. Er hat nie in den berühmten Sternetempeln der Welt gearbeitet, sie aber ausgiebig besucht! Seine Kochkunst hat er sich in der Heimat angeeignet. Die Hochzeit 1982 mit Margot Rabensteiner, deren Eltern das Traditionsgasthaus ZUR ROSE bewirtschafteten, war der Beginn eines erfolgreichen Gastronomieduos. Seine Frau Margot begann, sich für Weine zu interessieren, und bald entwickelten die beiden diese wohltuende Symbiose aus Wein und Essen. Das elterliche Wirtshaus wurde umgebaut, der Kochstil geändert und die Weinkarte wurde vielfältiger und abwechslungsreicher.

1995, zehn Jahre nachdem er und seine Frau das Restaurant ZUR ROSE übernommen hatten, erhielt Herbert Hintner zum ersten Mal den begehrten Michelinstern, nachdem er ein Jahr zuvor den in Südtirol geschätzten *Premio Godio* für die beste Weinsuppe erhalten hatte. Viele weitere Anerkennungen von *Veronelli, Gambero Rosso* und *Gault Millau* ziehen sich wie ein roter Faden durch seine Kochvita. Sein Credo – die Liebe zur heimischen Küche respektvoll pflegen, dennoch nie den Blick über den Tellerrand verlieren – hat sich bis heute nicht geändert.

GROSSE KOCHKUNST IN KLEINER STUBE

Wolfgang Kerschbaumer – LA PASSION *

Obwohl LA PASSION nahe an der Hauptstraße durch das Pustertal liegt, wundert man sich doch, dass man in ein kleines Wohngebiet fährt. Sie sind aber richtig! Wolfgang und Helena haben ihr neues Zuhause als Wohnhaus mit Minirestaurant geplant. Nur ganz dezent steht an der Hauswand LA PASSION, und diese *passione* erlebt man im Tiefgeschoss des Hauses. Wunderte ich mich erst noch über den Zugang, war ich total entzückt, als ich diese wunderschöne Stube sah. »Sie stammt aus dem 16. Jahrhundert«, erzählt Herr Kerschbaumer, »und zwar aus dem Gadertal, denn nur dort war es üblich, dass die ersten verlorenen Milchzähne der Kinder in die Holzvertäfelung gedrückt wurden. Wir hätten es selbst nicht gemerkt, wenn uns nicht Gäste darauf aufmerksam gemacht hätten.«

Seine Frau Helena ist für den Service im Minirestaurant zuständig, und dass sie das mit Liebe macht, sieht man an den dezent eingedeckten Tischen. Hingucker sind die frischen Wiesenblumen. Aber nun will ich doch wissen, wie das alles begann, und Wolfgang Kerschbauern erzählt mir, dass er ganz in der Nähe von Vintl geboren wurde und mit zehn Geschwistern aufgewachsen ist. Die Eltern hatten eine Bäckerei, und er fühlte sich schon als Kind immer in der Küche pudelwohl. Nach der Schule entschied er sich deshalb für den Kochberuf – und auch alle seine Geschwister sind in gastronomischen Bereichen tätig. Kurz nach seiner Hochzeit beschloss er mit seiner frisch angetrauten Ehefrau, sich selbstständig zu machen. Sie übernahmen das Restaurant ANSITZ ZUM STEINBOCK in Villanders, das sie dreizehn Jahre erfolgreich gemeinsam mit zwei Brüdern im Service führten. Kenner des Pustertals wissen, dass der STEINBOCK immer eine gute Adresse war und ist. Mit der Zeit wuchs jedoch bei beiden der Wunsch nach einem kleinen, aber feinen Restaurant.

1999 bauten sie dieses Haus und eröffneten im Sommer 2003 LA PASSION. Bereits 2008 wurde seine frische Südtiroler Küche mit ihren mediterranen Einflüssen mit einem Stern ausgezeichnet. Bewundernswert ist, wie Wolfgang in der Küche allein die zwanzig Gäste, die in der Stube Platz finden, mittags und abends mit so großartigen Gerichten verwöhnt. Und dabei gibt es nicht nur ein Menü, man kann auch aus der kleinen, immer saisonal zusammengestellten Karte auswählen. Helena bewirtet die Gäste liebevoll, und wenn richtig viel zu tun ist, unterstützt Tochter Katharina die Mutter. Was mich aber wirklich tief beeindruckt hat ist, dass Wolfgang Kerschbaumer fünf Jahre zur Dialyse musste, bis er endlich 2010 eine neue Niere bekam. Diesen anstrengenden Beruf Tag für Tag auszuüben, mit einer solch kräftezehrenden Krankheit und dabei so sensationell kreativ zu kochen, da kann ich nur meinen allergrößten Respekt aussprechen!

DIE LIEBE GEHT DURCH DEN MAGEN …

Anna Matscher – ZUM LÖWEN *

Wenn ich an die Variationen von Kalbsbries denke, die ich im superschönen Restaurant von Anna und Luis Matscher gegessen habe, läuft mir immer noch das Wasser im Mund zusammen. Aber auch das in Schüttelbrot gebackene Tatar war köstlich und spiegelt ein wenig den Kochstil der einzigen Sterneköchin Südtirols wider. Eine berufliche Kochkarriere hatte die sympathische Pustertalerin nicht geplant, aber ihren geliebten Luis hat sie von Anfang an mit Begeisterung bekocht. Als Alois Matschers Eltern beschlossen, ihr Wirtshaus mitten in Tisens zu schließen, weil niemand aus der Familie Interesse hatte, es weiterzuführen, kribbelte es bei Anna. Sie überredete ihren Mann, der in einer Bank arbeitete, das Gasthaus doch zu renovieren und ihr die Chance zu geben, mal nicht nur für ihn, sondern auch für Gäste zu kochen. Er ließ sich umstimmen, und für die ehemalige Masseurin begann ein neuer Lebensabschnitt. »Ich habe ganz einfach angefangen – mit klassischen Südtiroler Gerichten – und wagte mich erst nach geraumer Zeit an die Zubereitung von Fisch. Um ein wenig in einer Sterneküche zu schnuppern, fragte ich Hans Haas vom ›Tantris‹ in München, ob ich mal zwei Wochen mitarbeiten dürfe. Er erlaubte es mir, und das war für mich eine sehr wichtige Erfah-

rung. Ich begann, meiner bisherigen heimischen Küche einen mediterranen und leichteren Touch zu verleihen. 1990 überraschte mich dann der Michelinführer mit einem Stern. Ich war natürlich sehr glücklich, aber mein Mann meinte damals, dass es noch zu früh sei. Und er sollte Recht behalten, denn nach vier Jahren war der Stern wieder weg. Die Gäste kamen dennoch, denn die Hälfte meiner Gäste sind Stammgäste aus der Umgebung. Touristen, insbesondere Deutsche, die nach Gourmetführern Essen gehen, blieben aus. Ich warf die Flinte aber nicht ins Korn und kochte mit Leidenschaft weiter. Mein Mann, ein leidenschaftlicher Weinliebhaber, beendete seine Banklaufbahn, besuchte Sommelierkurse, um sein Wissen zu fundieren, und kümmert sich seither um die Gäste.«

»Ist es nicht manchmal auch schwierig für eine Ehe, den ganzen Tag miteinander zu arbeiten?«, frage ich. »Oh nein, ganz im Gegenteil. Mein Mann ist wie ein Zwilling für mich. Wir sind seit 27 Jahren glücklich verheiratet, und das liegt vielleicht auch daran, dass die Liebe durch den Magen geht. Und einem guten Glas Wein sind wir auch beide nicht abgeneigt.«

Wie jeder weiß, holte sie sich nach einigen Jahren erneut den begehrten Stern! »So ein Stern ist einerseits eine große Freude, andererseits aber auch ein enormer Druck«, ergänzt Anna Matscher. Seit etwa vier Jahren ist das Restaurant so, wie ich es gesehen habe: eine großartige Symbiose aus altem Bauernhaus und modernen Details. Dank des geschickt konzipierten Glasdachs wirkt es fast, als ob man im Freien sitzt. In diesem einzigartigen Ambiente kann man zwischen vier Menüs auswählen: kreativ – regional – vegetarisch – klassisch – und sich blind darauf verlassen, dass Luis Matscher das perfekt korrespondierende Tröpfchen dazu findet.

IN SCHÜTTELBROT GEBACKENES RINDERTATAR AUF SENFSAUCE

Rezept von Anna Matscher

Für 4 Personen

FÜR DIE MARINADE
25 g Essiggurken, gehackt
15 g Schalotten, gehackt
15 g Kapern, gehackt
1 Sardellenfilet, gehackt
1 EL gehackte Petersilie
15 g mittelscharfer Senf
50 g Ketchup
25 g Olivenöl
Salz
Cayennepfeffer

FÜR DAS RINDERTATAR
300 g Rindfleisch aus der Nuss
etwas Weizenmehl, Type 405
1 verquirltes Ei
100 g Schüttelbrot, fein gerieben
neutrales Pflanzenöl zum Ausbacken

FÜR DIE SENFSAUCE
1 Ei
100 ml Sonnenblumenöl
1 ½ EL Pommery-Senf
½ TL süßer Senf
½ TL Dijon-Senf
Salz
frisch gemahlener schwarzer Pfeffer
etwas Sherryessig
feingeschnittene Petersilie oder Schnittlauchröllchen

Für die Marinade die gehackten Zutaten miteinander vermischen, dann mit dem Senf, dem Ketchup und dem Olivenöl verrühren. Mit Salz und Cayennepfeffer abschmecken.

Das Rindfleisch mit einem scharfen Messer grob hacken, in eine Schüssel geben und mit der Marinade vermengen. Daraus kleine Laibchen formen. Diese leicht mehlieren, dann durch das verquirlte Ei ziehen und zuletzt in den Schüttelbrotbröseln zweimal panieren.

Für die Senfsauce das Ei und das Sonnenblumenöl zu einer Mayonnaise mixen. Diese mit den drei Senfsorten, Salz, Pfeffer und Sherryessig abschmecken. Abschließend die Petersilie bzw. den Schnittlauch hineinrühren.

Das Pflanzenöl in einem Topf erhitzen und die Tatarlaibchen darin ausbacken. Mit einem Schaumlöffel aus dem Topf heben und auf Küchenpapier abtropfen lassen.

Auf 4 Teller einen Spiegel Senfsauce geben und die Tatarlaibchen darauf anrichten.

Dazu serviert die Sterneköchin Millefeuille von Kartoffelchips und Bohnen.

Auener Hof

INS GOURMETPARADIES GEHT'S IMMER BERGAUF

Heinrich Schneider – GOURMET RESORT AUENER HOF *

Auf das Navi war wieder mal kein Verlass, aber dass der AUENER HOF nicht inmitten von Sarnthein zu finden sein kann, das war uns klar. Hatte man uns doch beschrieben, dass der AUENER HOF auf einem Berg liegt, mit herrlicher Aussicht. Aber Gott sei Dank kennen die Einheimischen ihren berühmten Koch und erklärten uns den Weg nach oben ins Gourmetparadies. Dort angekommen, erwartete uns Gisela Schneider, die Schwester des Sternekochs, in der Lounge des kleinen, aber feinen Hotels.

Die Geschwister verstehen sich blendend – und das liegt ganz einfach daran, erzählt Gisela, weil sie hier am Berg aufgewachsen sind und wenn sie sich stritten, dann hatten sie niemand zum Spielen. Beide sind nach dem Schulabschluss erst mal ins Ausland gegangen, er ins Zweisternerestaurant »Auberge du Cheval Blanc« im Elsass und sie in Spitzenhotels, um Erfahrungen zu sammeln! Das hat ihnen sehr viel Spaß gemacht, aber sie haben erkannt, dass es viel schöner ist, im eigenen Haus mit einem kleinen Team zu arbeiten. Behutsam hat Heinrich Schneider die gut gehende Gastwirtschaft der Eltern, die Knödel & Co. anbot, in ein Gourmetrestaurant verwandelt. Belohnung für seine naturnahe Kochweise, die von der Vielfalt der Wildkräuter und den natürlichen Produkten des Berges geprägt ist, war 2008 der Michelinstern. Hut ab, was Heinrich in seiner modernen Küche für die genussfreudigen Gäste zaubert. Schwester Gisela umsorgt alle charmant und hilft als Sommelière bei der Weinauswahl. Ratsam ist es, gleich eines der zehn neu gestalteten geschmackvollen Zimmer oder Suiten zu buchen, morgens den Sonnenaufgang mit einem sensationellen Blick ins Tal genießen und im angenehmen Wellnessbereich ein wenig entspannen. Die leicht bekömmlichen, frischen und kreativen Gerichte von Heinrich Schneider sind Verlockungen genug, um die lange und kurvige Anfahrt in Kauf zu nehmen. Wer im frisch gekürten Viersternehotel AUENER HOF übernachtet, kann den Abend gelassen und ohne Fahrstress ausklingen lassen!

MEER UND BERGE HARMONISCH VEREINT

*Arturo Spicocchi – LA STÜA DE MICHIL * im HOTEL LA PERLA*

Der Marchigiano Arturo Spicocchi hat seine Liebe zum Kochen nicht, wie fast alle Südtiroler Sterneköche, in der Küche bei der Mutter entdeckt. Bei ihm war es sein Onkel. Der war nämlich Koch auf einem Kreuzfahrtschiff, und wenn er zu Hause in den Marken war, kochte er gerne für die Familie, und Arturo durfte mithelfen. »Mein Onkel kochte mit so viel Spaß, dass er mich auf die Idee brachte, Koch zu werden!«, erinnert sich Arturo. Nach seiner Lehre in den Marken ging er, um seinen kulinarischen Horizont zu erweitern, nach Corvara ins HOTEL LA PERLA und begann unter der Leitung des damaligen Küchenchefs Markus Wolfsgruber zu arbeiten. Das war 1994. So sehr ihm die Arbeit auch gefiel, plagte ihn anfangs doch ziemlich das Heimweh. Allmählich legte sich zwar die große Sehnsucht nach dem Meer, dennoch, wenn hier oben in den Dolomiten die Wintersaison beendet ist, dann geht's ab in den Süden, in sein schönes Haus in den Marken.

Im wohl romantischsten Sternerestaurant mit einer Zirbelstube aus dem 15. Jahrhundert wagt der leidenschaftliche Koch einen bravourösen Spagat zwischen den traditionellen ladinischen Kochgepflogenheiten und der mediterranen Küche seiner Heimat. Wildgerichte oder zum Beispiel ein zart geräuchertes Milchschweinefilet spielen im Winter eine tragende Rolle, während in der Sommersaison die leicht bekömmliche Mittelmeerküche im Vordergrund steht, stets jedoch mit biologischen und biodynamischen Lebensmitteln der Dolomiten angereichert.

Als ich ihn besuche, ist das Hotel noch geschlossen, aber Arturo ist längst da, um in aller Ruhe seine neuen Gerichte für die Sommersaison zu kreieren. Und er erklärt mir wieso: »Ich komme immer eine Woche vor Saisonstart, denn so habe ich die Ruhe, die ich brauche, um Neues auszuprobieren. Für mich ist ja diese Arbeit keine Pflicht, sondern reines Vergnügen! Ich koche mit Passion, um bei meinen Gästen positive Emotionen auszulösen! Und wenn mir das gelingt, bin ich sehr glücklich!«

Glücklich können die Gäste aber nicht nur wegen der kreativen Gerichte von Arturo sein, sondern auch über die unglaubliche natürliche Herzlichkeit, mit der man im Traditionshotel LA PERLA der Familie Costa verwöhnt wird.

SÜDTIROLER NATURKÜCHE MIT EINER PRISE FERNWEH

Jörg Trafoier – Restaurant KUPPELRAIN *

Im stilvollen Ambiente des Restaurants KUPPELRAIN genießt man nicht nur die in sich stimmigen exzellenten Gerichte, sondern auch einen besonders familiären, herzlichen Service. Das bemerkenswerte an Jörgs Kochstil ist, dass er regionale Lebensmittel immer wieder neu und raffiniert kombiniert. Protagonisten sind unverfälschte hochwertige Produkte, wenn irgendwie möglich aus der Region, die er mit viel Einfühlungsvermögen mit frischen Kräutern und erlesenen Gewürzen verfeinert.

Sonya Egger, die attraktive Ehefrau an seiner Seite, umsorgt die Gäste mit natürlichem Charme und berät mit großer Fachkenntnis und Kompetenz bei der Weinauswahl. Die gebürtige Vinschgauerin ist zudem eine große Kennerin von Kräutern, Blüten und wilden Früchten, die sie nach Mutters Rezepten verarbeitet und konserviert. Ihr Vorratskeller ist sehenswert und erinnert an die Zeit, in der Vorratshaltung noch eine Notwendigkeit war, um den Winter zu überstehen.

1988 renovierten Jörg und Sonya das etwas in die Jahre gekommene Jugendstilhaus, das bereits während der k.-u.-k.-Zeit ein beliebtes Gasthaus war. Eines Tages fragte Sonya ihren Mann: »Was ist eigentlich das Erstrebenswerteste für einen Koch?« Und Jörg meinte: »Natürlich ein Michelinstern!« – »Ja dann, worauf warten wir noch?«, setzte sie schmunzelnd nach.

Es klappte schneller, als beide dachten. Seine regionale Küche mit dem mediterranen Touch und einer Prise Fernweh kam sehr gut an! Seit 2001 kann sich das KUPPELRAIN in ununterbrochener Folge mit einem Michelinstern schmücken und zählt zu den beliebtesten Sternerestaurants Südtirols. Die Leidenschaft für die Gastronomie hat sich bereits auf die Kinder übertragen: Der älteste Sohn Kevin hat zwar nach dem Abitur Grafikdesign studiert, entschloss sich aber dann, Koch zu werden. Derzeit geht er dem Vater zur Hand, ebenso wie Nathalie, die am Wochenende die Mama im Service unterstützt. Tagsüber macht sie, seit sie ihr Sprachendiplom in der Tasche hat, eine Lehre in der Traditionskonditorei KÖNIG in Meran. Ja, und das Nesthäkchen Guilya, gerade mal sechs Jahre alt, will auf jeden Fall mal werden wie die Mama …

Kuppelrain

ANHANG

Märkte, Feste, Landkarte, Restaurants, Produzenten, Läden, Winzer und Hotels

MÄRKTE UND FESTE

In den meisten Dörfern und Städten finden das ganze Jahr hindurch Wochenmärkte statt, aber einige traditionelle Märkte begeistern Jahr für Jahr nicht nur die Einheimischen, sondern auch Touristen aus aller Welt!

Einer dieser traditionellen und beliebten Märkte, der jedes Jahr am 22. September stattfindet, ist der ULTNER MARKT. In Kuppelwies stehen zahlreiche Marktstände, die alle Schafprodukte feilbieten, von der Kleidung aus Schafwolle bis zum Schaffleisch. Und für die Ultner ist das ein Feiertag, an dem man ausgiebig feiert.

Jedes Jahr vom 26. bis 28. Oktober findet im Pustertal der größte Markt Tirols statt, der STEGENER MARKT, der bei den Einheimischen sehr beliebt ist und im Dialekt »Stegina Morscht« heißt. Hier wird alles, was man zum Leben braucht – oder auch nicht –, dargeboten. Stöbern zwischen verlockenden kulinarischen Köstlichkeiten, Mode und Haushaltswaren, das macht Spaß und irgendetwas findet man immer. Infos unter www.stegamorscht.net

Zu Allerseelen, also am 2. November, steht das winzige Städtchen Glurns, die kleinste Stadt südlich der Alpen, Kopf. Es herrscht Ausnahmezustand, denn der SEALAMORKT lockt viele Menschen in das pittoreske Städtchen nahe der Schweizer Grenze. Infos unter www.glurns.net/veranstaltungen.php

Im Advent finden in den Städten Südtirols die traditionellen Weihnachtsmärkte statt. Infos unter www.suedtirol.com/winter/weihnachtsmaerkte

GSIESER KNÖDELMARATHON: Im Januar findet dieser Mix aus sportlicher Betätigung und kulinarischem Erleben statt. Dabei geht es nicht um das Gewinnen, sondern darum, Spaß zu haben und das Tal und seine Knödelspezialitäten zu entdecken. Infos unter www.gsieser-tal.com

EISACKTALER KOST: Im März laden Eisacktaler Gastbetriebe zur ältesten Südtiroler Spezialitätenwoche ein: Traditionelle Gerichte werden nach einem festgelegten Motto neu interpretiert. Infos unter www.eisacktalerkost.info

BLÜTENFESTTAGE IN LANA: Jedes Jahr im April, wenn sich die Apfelwiesen in ein farbenprächtiges Blütenmeer verwandeln, feiert Lana zwei Wochen lang die Blütenfesttage. Auf dem Programm stehen unter anderem Verkostungen von Qualitätsweinen, Radtouren durch das Etschtal, die Besichtigung des Obstbaumuseums Lana und Wanderausflüge zu den traditionsreichen Weinhöfen. Infos unter www.lana.info/erleben/veranstaltungen/highlights/genuss/bluetenfesttage.html

SPARGELZEIT IN TERLAN–VILPIAN–SIEBENEICH: Dank des sandigen Bodens und des milden Klimas rund um Terlan beginnt die Ernte des edlen Gemüses bereits Ende März. In allen Gasthöfen in Terlan stehen dann die Speisekarten unter dem Motto des heimischen Margarete-Spargels. Infos unter www.suedtirols-sueden.info

LÖWENZAHNWOCHEN AM DEUTSCHNONSBERG: Ende April bis Mitte Mai steht der auf den saftigen Bergwiesen sprießende Löwenzahn im Mittelpunkt im Ultental und Deutschnonsberg. Dass diese Pflanzen nicht nur gesund sind, sondern auch gut schmecken, beweisen die Köche der Gegend. 2013 finden diese kulinarischen Wochen bereits zum 18. Male statt. Infos unter www.ultental-deutschnonsberg.info

BOZNER WEINKOST: Im Mai kann man auf dieser traditionellen Veranstaltung mehr als 300 Weine aus der Region verkosten – von den neuen Weinen des jeweiligen Jahrgangs bis zu den Riserva-Weinen. Infos unter www.suedtirolwein.com/de/weinkost/bozner-weinkost.html

FRAGOLE
2,50
4,50

SÜDTIROLER WEINSTRASSEN-WOCHEN: Entlang der Südtiroler Weinstraße finden im Mai und Juni zahlreiche Veranstaltungen zum Thema Wein in historisch und architektonisch bedeutsamen Orten statt. Krönender Abschluss ist die »Nacht der Keller«. Infos unter www.suedtiroler-weinstrasse.it

ERDBEERFEST IM MARTELLTAL: Alljährlich im Juni werden die aromatischen Erdbeeren aus dem Martelltal gebührend gefeiert, mit heiteren Spielen, Musik und einer riesigen Erdbeertorte. Wer möchte, kann sich natürlich seine Erdbeeren auch selbst pflücken. Infos unter www.erdbeerfest.it

WEIN & LAUBEN: Anfang Juli findet im historischen Zentrum von Neumarkt ein ganz besonderes kulinarisches Event statt. Ab 16.30 Uhr kann man entlang (bei Regen unter) den Lauben Weine von zahlreichen namhaften Winzern aus Südtirol und Trentino verkosten und sich kulinarisch verwöhnen lassen. Infos unter http://www.suedtiroler-weinstrasse.it/deutsch/aktuelle-veranstaltungen/wein-und-lauben.html

WEIN-KULTUR-WOCHEN IN ST. PAULS: Im Juli und August finden im pittoresken Dörfchen St. Pauls die Wein-Kultur-Wochen statt. Die romantischen Gassen bilden die zauberhafte Kulisse für die Veranstaltung rund um Wein, Kultur und Gastlichkeit. Höhepunkt ist jedes Jahr die »Gastliche Tafel«. Infos unter www.weinkulturwochen.com

STERZINGER JOGHURTTAGE: In den Monaten Juli und August steht der Joghurt im Zentrum des Interesses von Sterzing und den umliegenden Tälern. Joghurthersteller vom Brenner bis Sizilien präsentieren ihre Produkte und in den Restaurants und Gasthöfen stehen schmackhafte Joghurtgerichte auf der Speisekarte. Infos unter www.joghurttage.com

KNÖDELFEST: Jedes Jahr am zweiten Sonntag im September wird der Knödel, eines der traditionellsten Gerichte Südtirols, in der Fuggerstadt Sterzing ausgiebig gefeiert. Auf einer über 300 Meter langen Tafel, die sich von der Neustadt bis in die Altstadt zieht, servieren Gastwirte aus der näheren Umgebung über zwanzig verschiedene Knödeltypen, vom traditionellen Speckknödel bis hin zu Spargel-, Rohnenknödeln und süßen Knödeln! Dazu wird musiziert und gefeiert. Infos unter www.knoedelfest-sterzing.com

GASSLTÖRGGELEN: Im September und Oktober feiert die romantische Stadt Klausen die jahrhundertealte Eisack-

taler Tradition des Törggelens. Höhepunkt ist der große Umzug zur Eröffnung und die Krönung der Törggelekönigin. Infos unter www.klausen.it

SÜDTIROLER BROT- UND STRUDELMARKT: Brot ist nicht gleich Brot – das zeigen die Bäckereibetriebe Ende September am Brot- und Strudelmarkt am Domplatz in Brixen. Besucher können den Backmeistern im Rahmen täglicher Backvorführungen über die Schultern schauen. Auf einem historischen Parcours kann man die Geschichte des Brotbackens kennenlernen. Infos unter www.brotmarkt.it

VÖLSER KUCHLKASTL: Völser Wirtsleute bieten den ganzen Oktober hindurch (2012 bereits zum 35. Mal) traditionelle Küche. Begleitet wird das Kuchlkastl vom Völser Kulturherbst mit Konzerten und geführten Törggelewanderungen. Infos unter www.voelserkuchlkastl.com

TÖRGGELEN: Das Törggelen entstammt dem alten Brauch, zwischen Anfang Oktober und dem Beginn der Adventszeit den jungen Wein zu verkosten. In den Buschenschänken wird dieser »neue« Wein zusammen mit Gerstensuppe, Schlutzkrapfen, Surfleisch und Knödeln aufgetischt. Süße Krapfen und geröstete Kastanien bilden den krönenden Abschluss. Infos unter www.suedtirol.info/toerggelen

TRAUBENFEST, MERAN: Seit über 125 Jahren wird, immer im Oktober, das Meraner Traubenfest gefeiert. Diese traditionsreiche Feier geht bis auf das Jahr 1886 zurück. Das 125-jährige Jubiläum wird 2012 mit besonders viel Liebe zum Detail vorbereitet. Infos unter www.meraninfo.it

KASTANIENTAGE: Vom Wald auf den Tisch heißt es in vielen Regionen Südtirols Ende Oktober, Anfang November: Dann dreht sich nämlich alles um die gesunde und schmackhafte Kastanie – bei Kastanienwanderungen und -festen, bei Vorträgen und Führungen. Infos unter www.suedtirol-kastanie.com

Reschenpass
Reschen
Langtauferer Tal
Melag
Graun
Reschensee
Weißkugel 3738
Similaun 3602
St. Valentin auf der Haide
Haidersee
Kloster Marienberg
Burgeis
Schlinig
Planeiltal
Matscher Tal
Saldurnkamm
Vernagt
Unser Frau in Schnals
Schnalstal
Schnals
Texelgruppe
Mals
Schleis
Glurns
Schluderns
Münstertal
Taufers
Schlanders
Laas
Etsch
Latsch
Kastelbell
Juval
Naturns
Partschins
Algund
Tirol
Schenna
Marling
Meran
Tscherms
Lana
St. Pankraz
Völlan
Vinschgau
Stilfs
Suldental
Sulden
Stilfserjoch
Ortler 3905
Ortlergruppe
Martell
Martelltal
Hasenöh 3257
St. Walburg
St. Nikolaus
Ultental
St. Gertraud
Tisens
Gampenjoch
Timmelsjoch
Passeiertal
Moos
St. Leonhard
St. Martin
Jaufenpass
Maiern
Ridnauntal
Ratschings
Ratschingstal
Weißenbach
Sarntal
Mölten
Jenesien
Terlan
Andrian
Bozen
Eppan
Girlan
Überetsch
Mendelpass
Kaltern
Kalterer See
Leifers
Branzoll
Aldein
Tramin
Etschtal
Montan
Gschnon
Kurtatsch
Neumarkt
Margreid
Laag
Altrei
Salurn
S. Michele all'Adige
Trento

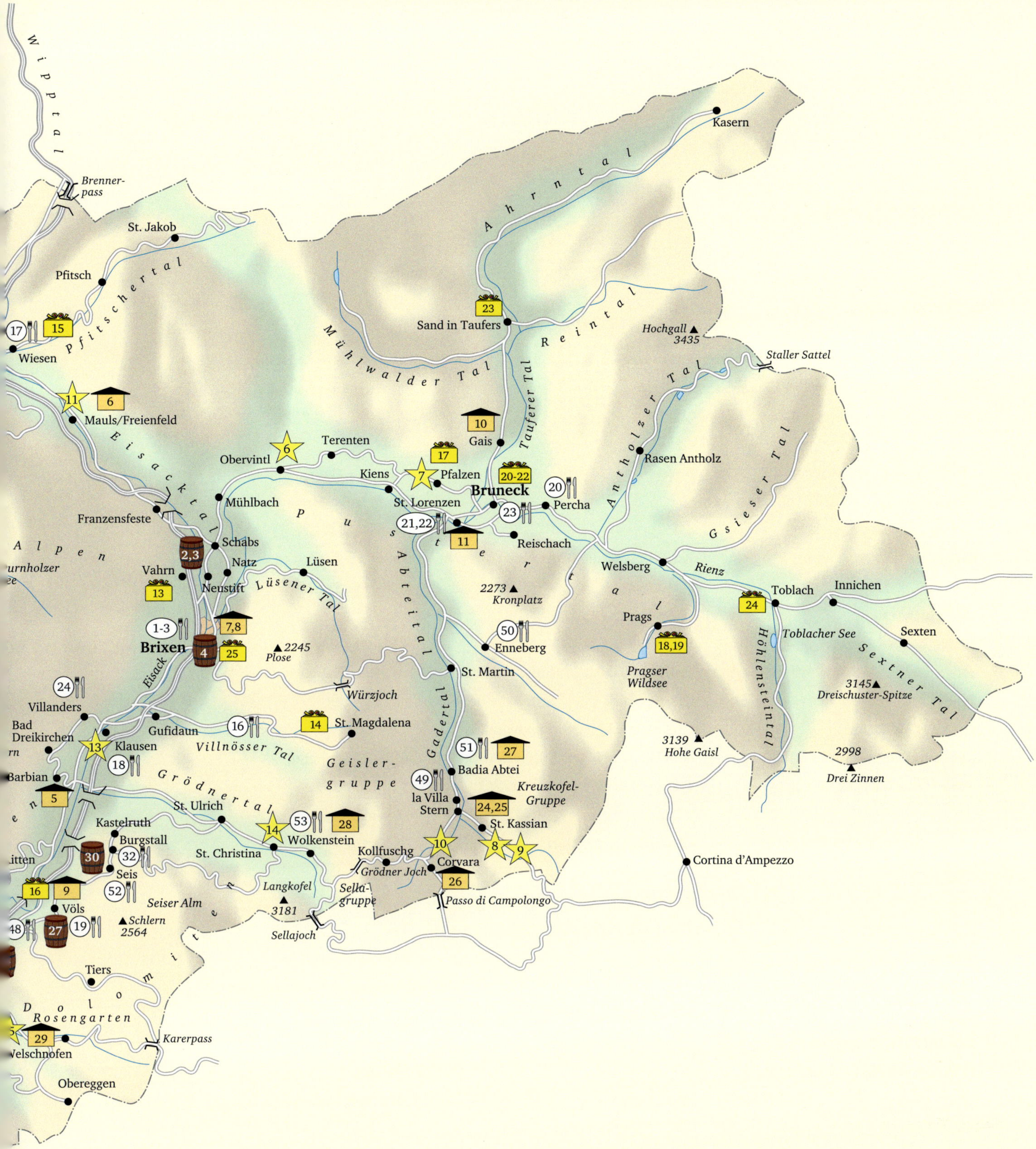

1 Restaurants und Weinbars

1 Sternerestaurants

1 Weingüter und Schnapsbrennereien

1 Einkaufen

1 Hotels

0 N 5 km

ADRESSEN

Hinweis zur Sortierung: Die Adressen sind nach Regionen (also den Kapiteln des Buchs) sortiert. Innerhalb der Regionen sind die Adressen nach PLZ aufgelistet. Hinweis zu den Telefonnummern: Für Italien gilt die Ländervorwahl 0039. Die »Null« der Ortsvorwahl wird mitgewählt.

RESTAURANTS & WEINBARS

Brixen

1 Restaurant Fink
Kleine Lauben 4
39042 Brixen
Tel.: (0472) 83 48 83
www.restaurant-fink.it
Ruhetag: Dienstagabend & Mittwoch

2 Künstlerstübele Finsterwirt
Domgasse 3
39042 Brixen
Tel.: (0472) 83 53 43
www.finsterwirt.com
Ruhetag: Sonntagabend & Montag

3 Weingalerie – Enoteca
Edith Gamper & Christian Stampfl
Weißlahnstraße 10
39042 Brixen
Tel.: (0472) 83 60 01
www.weingalerie.it
Ruhetag: Sonntag
Ob Sie Wein kaufen, verkosten oder dazu auch eine Kleinigkeit essen möchten, in der heimeligen und doch schicken Weingalerie ist alles möglich!

Bozen

4 Anita
Bar – Slow Food – Ristorante
Obstplatz 5
39100 Bozen
Tel.: (0471) 97 37 60
Ruhetag: Samstagabend & Sonntag
Das Restaurant liegt sehr nahe dem Obstplatz und wird von charmanten Damen geführt. Schmackhafte Trattoriaküche.

5 Hostaria Argentieri
Silbergasse 14
39100 Bozen
Tel.: (0471) 98 17 18
Ruhetag: Sonntag

6 Weinbar Banco 11
Birgitta Puustinen
Obstmarkt 11
39100 Bozen
Tel.: (0471) 19 22 84 5
Ruhetag: Sonntag

7 Batzen Häusl – Wirtshaus & Biergarten
Bobo Widmann
Andreas-Hofer-Straße 30
39100 Bozen
Tel.: (0471) 05 09 50
www.batzen.it
Alte Bozner Wirtshauskultur in typischen, schönen Stuben

8 Osteria Dai Carrettai
Dr.-Streiter-Straße 20
39100 Bozen
Tel.: (0471) 97 05 58
Ruhetag: Samstagabend & Sonntag

9 Fischbänke
Dr.-Streiter-Straße 26
39100 Bozen
Tel.: (0471) 97 17 14
Ruhetag: Sonntag

10 Zur Kaiserkron
Robert Wieser
Musterplatz 2
39100 Bozen
Tel.: (0471) 98 02 14
www.kaiserkron.bz
Ruhetag: Sonn- & Feiertag

11 Gasthof Kohlern
Kohlern 11
39100 Bozen
Tel.: (0471) 32 99 78
www.kohlern.com

12 Restaurant im Laurin
Küchenchef: Manuel Astuto
Laurin Straße 4
39100 Bozen
Tel.: (0471) 31 10 00
www.laurin.it

10 La Stü de Michil
im Hotel La Perla
Arturo Spicocchi
Str. Col Alt 105
39033 Corvara
Tel.: (0471) 83 10 00
www.hotel-laperla.it

11 Einhorn
im Romantik Hotel Stafler
Peter Girtler
Familie Stafler
39040 Mauls/Freienfeld
Tel.: (0472) 77 11 36
www.stafler.com

12 Restaurant Kleine Flamme
Burkhard & Anneliese Bacher
Neustadt 31
39042 Sterzing
Tel.: (0472) 76 60 65
www.kleineflamme.com

13 Jasmin im Hotel Bischofhof
Martin Obermarzoner
Griesbruck 4
39043 Klausen
Tel.: (0472) 84 74 48
www.bischofhof.it

14 Grand Hotel Alpenroyal
Felice Lo Basso
Via Meisules 43
39048 Wolkenstein
Tel.: (0471) 79 55 55
www.alpenroyal.com

15 Johannesstube im Hotel Engel
Markus Baumgartner
Gummerer Straße 3
39056 Welschnofen
Tel.: (0471) 61 31 31
www.hotel-engel.com

16 Zur Rose
Herbert Hintner
Josef-Innerhofer-Straße 2
39057 Eppan
Tel.: (0471) 66 22 49
www.zur-rose.com

17 Luxury Gourmet Resort
Auener Hof
Heinrich Schneider
Auen 21
39058 Sarntal
Tel.: (0471) 62 30 55
www.auenerhof.it

WEINGÜTER & SCHNAPSBRENNEREIEN

Bozen

1 Kellerei Bozen
Grieserplatz 2
39100 Bozen
Tel.: (0471) 27 09 09
www.kellereibozen.com
Recht jung ist die Kellerei unter diesem Namen, aber das täuscht, denn sie ist eine Fusion der traditionsreichen Kellereien Gries und St. Magdalena. Beachtlich die Weine!

Eisacktal

2 Köfererhof
Günther Kerschbaumer
Pustertalerstraße 3
39040 Neustift/Vahrn
Tel. (0472) 83 66 49
www.koefererhof.it

3 Augustiner Chorherrenstift
Neustift
Verwalter Urban von Klebelsberg
Önologe: Celestino Lucin
Stiftstraße 1
39040 Vahrn/Neustift
Tel.: (0472) 83 91 89
www.kloster-neustift.it

4 Kuenhof
Peter & Brigitte Pliger
Mahr 110
39042 Brixen
Tel.: (0472) 85 05 46
E-Mail: pliger.kuenhof@rolmail.net

Vinschgau

5 Puni Destillerie
Punistraße 10
39020 Glurns
Tel.: (0473) 83 16 16
E-Mail: puni.destillerie@rolmail.net

6 Untergandlkeller
Brennerei S. Stocker mit Restaurant
Brauhausstraße 21
39022 Algund
Tel.: (0473) 44 99 10
www.untergandlkeller.com
Ruhetag: Montag

7 Weingut Falkenstein
Franz & Bernadette Pratzner
Schlossweg 19
39025 Naturns
Tel.: (0473) 66 60 54
www.falkenstein.bz
Weinverkauf ab Hof möglich, aber besser vorher Termin vereinbaren.

8 Tenuta Unterortl
Juval 1 B
39025 Naturns
Tel.: (0473) 66 75 80
www.unterortl.it

Etschtal

9 Kränzelhof
Weinkellerei & Labyrinthgarten
Gampenstraße 1
39010 Tscherms
Tel.: (0473) 56 45 49
www.kraenzelhof.it

10 Kellerei Andrian
Silberleitenweg 7
39018 Terlan
Tel.: (0471) 25 71 56
www.kellerei-andrian.com
Tradition seit 1893, seit 2008 vereint mit der Kellerei Terlan

11 Kellerei Terlan
Silberleitenweg 7
39018 Terlan
Tel.: (0471) 25 71 35
www.kellerei-terlan.com

12 Tiefenbrunner – Schlosskellerei Turmhof
Schlossweg 4
Entiklar
39040 Kurtatsch
Tel.: (0471) 88 01 22
www.tiefenbrunner.com

13 Alois Lageder
Grafengasse 9
39040 Margreid
Tel.: (0471) 80 95 00
www.aloislageder.eu

14 Franz Haas
Villnerstraße 6
39040 Montan
Tel.: (0471) 81 22 80
www.franz-haas.com
Berühmt ist Franz Haas vor allem für seinen Pinot Nero, seine große Leidenschaft. Aber auch alle anderen Weine sind ein Genuss.

15 Haderburg
Alois Ochsenreiter
Buchholz 30
39040 Salurn
Tel.: (0471) 88 90 97
www.haderburg.it

16 Kellerei Tramin
Weinstraße 144
39040 Tramin
Tel.: (0471) 09 66 33
www.cantinatramin.it

17 Weingut Elena Walch
Andreas-Hofer-Straße 1
39040 Tramin
Tel.: (0471) 86 01 72
www.elenawalch.com
Öffnungszeiten LE VERRE CAPRICIEUX: Mo.–Fr. 11.30–18.30 Uhr

18 Weingut Hofstätter
Martin Foradori
Rathausplatz 7
39040 Tramin
Tel.: (0471) 86 01 61
www.hofstatter.com

19 Peter Dipoli
Villnerstraße 5
39044 Neumarkt
Tel: (0471) 81 34 00
www.peterdipoli.com
Peter Dipoli ist einer der umstrittensten Winzer in Südtirol – nicht wegen der Qualität seiner Weine, sondern weil er seine Meinung stets sehr direkt sagt. Er ist ein großer Kenner der nationalen und internationalen Weinszene. Seine drei Weine – zwei Rote und der schon legendäre Sauvignon Voglar –, hinterlassen Eindruck –, so wie sein Weinkeller.

20 Castel Salleg
Graf Kuenburg
Unterwinkel 15
39052 Kaltern
Tel.: (0471) 96 31 32
www.castelsallegg.it
Georg Graf von Kuenburg ist der Eigentümer des herrlichen Schlosses und des dazugehörenden Weinkellers. Köstlich u. a. der Kalterer See Bischofsleiten und der Lagrein Rosé.

21 Erste + Neue
Kellereistraße 5–10
39052 Kaltern
Tel.: (0471) 96 31 22
www.Erste-Neue.it

22 Kellerei Kaltern
Kellereistraße 12
39052 Kaltern
Tel.: (0471) 96 31 49
www.kellereikaltern.com

23 Manincor
Michael Graf Goëss-Enzenberg
St. Josef am See 4
39052 Kaltern
Tel.: (0471) 96 02 30
www.manincor.com

24 wein.kaltern
Marktplatz 8
39052 Kaltern
Tel.: (0471) 96 54 10
www.wein.kaltern.com

25 Kellerei Schreckbichl
Weinstraße 8
39057 Girlan
Tel.: (0471) 66 42 46
www.colterenzio.it

Sarntal

26 Arunda Cantina Talento
Metodo Classico
Joseph Reiterer
39010 Mölten
Tel.: (0471) 66 80 33
www.arundavivaldi.it

27 Gumphof
Markus Prackwieser
Prösler Ried 8
39050 Völs am Schlern
Tel.: (0471) 60 11 90
www.gumphof.it
Kleines Weingut, große Weine, v. a. elegante, finessenreiche Weißweine. Markus Prackwieser stieg in kürzester Zeit in die Topweinliga auf.

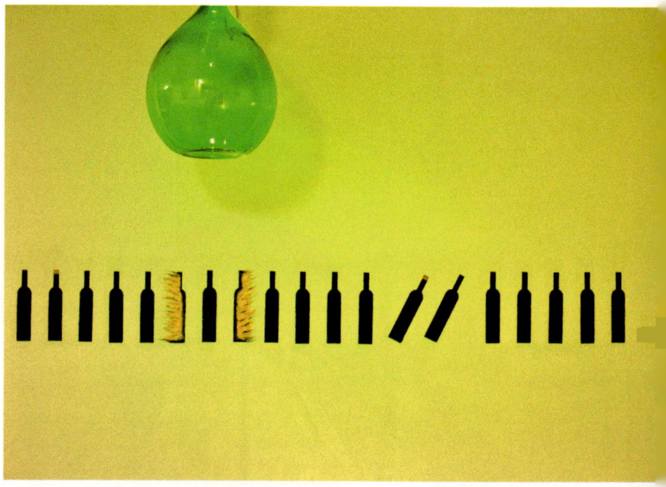

28 Erbhof Unterganzner
Josephus & Barbara Mayr
Kampillerweg 15
39053 Kardaun/Bozen
Tel.: (0471) 36 55 82
www.tirolensisarsvini.it

29 Weingut Ansitz Waldgries
Familie Plattner
St. Justina 2
39100 Bozen
Tel.: (0471) 32 36 03
www.waldgries.it

Dolomiten

30 Zu Plun
»Schnapps Brennerei«
St.-Valentin-Straße 9
39040 Seis am Schlern
Tel.: (0471) 70 61 37
www.zuplun.it
In Deutschland erhältlich beim Weinhandel Jörg Linke

EINKAUFEN

Bozen

1 Oberrauch Zitt
Lauben 67
39100 Bozen
Tel.: (0471) 97 21 21
www.oberrauch-zitt.com

2 Seibstock Delicatessen
Lauben 50
39100 Bozen
Tel.: (0471) 32 40 72
www.seibstock.com

3 Zimmermann & Culti
Lauben 21
39100 Bozen
Tel.: (0471) 97 67 46
www.zimmermann.bz.it

Meran

4 Café König
Freiheitsstraße 168
39012 Meran
Tel.: (0473) 23 71 62
www.cafe-koenig.com

5 Meraner Weinhaus
Romstraße 76
39012 Meran
Tel.: (0473) 23 22 53
www.meranerweinhaus.com

6 Oberrauch Zitt
Trachtenmode
Lauben 273
39012 Meran
Tel.: (0473) 27 04 64
www.oberrauch-zitt.com
Hier findet man schöne Trachtenmode, aber nicht nur.

7 Pastashop
Laubengasse 29
39012 Meran
Tel.: (0473) 270973
www.pastashop-merano.com

8 Genussmarkt Pur
Freiheitsstraße 35
39012 Meran
Tel.: (0473) 01 21 40
www.pursuedtirol.com

9 Trachtenmode Runggaldier
Laubengasse 276
39012 Meran
Tel.: (0473) 23 74 54
www.trachten-runggaldier.com
Hier gibt es Stoffe, Spitzen und Knöpfe, Accessoires und Trachtenmode.

10 Seibstock Delicatessen
Lauben 227
39012 Meran
Tel.: (0473) 23 71 07
www.seibstock.com

11 Selected Food
Karl Telfser
Kirchsteig 5
39012 Meran
Tel.: (0473) 23 45 65
www.selectedfood.com

Eisacktal

12 Ridnauner Schüttelbrot
Ridnaun
Maiern 5
39040 Ratschings
Tel.: (0472) 65 62 04
www.baeckerei-brunner.it

13 DeGust Käse-Kunst
Bsackerau 1
39040 Vahrn
Tel.: (0472) 84 98 73
www.degust.com

14 Furchetta
Villnösser Brillenschaf
St. Magdalena 89
39040 Villnöss
Tel.: (0472) 84 01 86
www.furchetta.it

Dolomiten

24 Rosa Alpina – Hotel & Spa
Familie Pizzinini
Strada Micurá de Rü 20
39030 St. Kassian
Tel.: (0471) 84 95 00
www.rosaalpina.it

25 La Siriola – Hotel Ciasa Salares
Fabio Cucchelli
Prè de Vi Straße 31
39030 St. Kassian
Tel.: (0471) 84 94 45
www.siriolagroup.it

26 La Perla
Str. Col Alt 105
39033 Corvara
Tel.: (0471) 83 10 00
www.hotel-laperla.it

27 Hotel Gran Ander
Via Runcac 29
Alta Badia
39036 Badia
Tel.: (0471) 83 97 18
www.granander.it
Schönes Hotel mit feiner Gourmetküche und sehr herzlichem, familiären Service inmitten der faszinierenden Bergwelt der Dolomiten

28 Grand Hotel Alpenroyal
Via Meisules 43
39048 Wolkenstein
Tel.: (0471) 79 55 55
www.alpenroyal.com

29 Hotel Engel
Familie Kohler
Gummerer Str. 3
39056 Welschnofen
Tel.: (0471) 61 31 31
www.hotel-engel.com

WEITERE NÜTZLICHE ADRESSEN

Blindprobe Sensorium
Informationen bei Irene Delago
Kirchplatz 5
39050 Völs am Schlern
Tel.: (0335) 25 47 80
www.blindprobe.com

Information in Deutschland
Jörg Linke
Dorfstraße 19
D-85662 Hohenbrunn
Tel.: (08102) 89 58 68
Meine große Achtung gilt dem gesamten sehenden und nichtsehenden Team, das mit viel Engagement, Enthusiasmus und Idealismus dieses Projekt im schönen Völs am Schlern aufgebaut hat. Eine Teilnahme an den Seminaren ist nur bei rechtzeitiger Anmeldung möglich.

Kooperation Südtiroler Gasthaus
Hotel- & Gastwirteverband HGV
Schlachthofstraße 59
39100 Bozen
www.gasthaus.it
Hier erhält man eine Broschüre gut geführter Gasthäuser in Südtirol.

Merano WineFestival
Dr. Helmuth Köcher
Gourmet's International
Bernhard-Johannes-Straße 9
39012 Meran
Tel.: (0473) 21 00 11
www.meranowinefestival.com
Das Weinevent findet jedes Jahr am zweiten Novemberwochenende (Samstag–Montag) statt.

Südtirol Marketing Gesellschaft (SMG)
Pfarrplatz 11
39100 Bozen
Tel.: (0471) 99 99 99 und
(0471) 999888
www.suedtirol.info
www.smg.bz.it
Allgemeine Informationen über das Urlaubsland Südtirol

Südtiroler Bauernbund – Roter Hahn
K.-M.-Gamper-Straße 4
39100 Bozen
Tel.: (0471) 99 93 25
www.roterhahn.it
Ob Urlaub auf dem Bauernhof oder Qualitätsprodukte vom Bauern – hier findet man gute Adressen.

DANK & IMPRESSUM

Ein Buch ist immer Teamwork, auch wenn am Schluss lediglich der Autor und der Fotograf auf dem Titel stehen. Deshalb gilt mein Dank dem gesamten Verlagsteam der Collection Rolf Heyne, das dafür sorgte, dass die Produktion reibungslos verlief. Danke natürlich dem Verlagsleiter Jürgen Welte, der immer ein offenes Ohr für meine Fragen hatte und natürlich der Verlegerin Frau Anja Heyne, die mir auch dieses Mal ihr Vertrauen entgegenbrachte. Ein ganz herzliches Dankeschön an Udo Bernhart, der nicht nur die traumhafte Landschaft Südtirols, sondern auch die sympathischen Menschen mit seiner Leica M9, die viel Sensibilität vom Fotografen verlangt, bestens in Szene gesetzt hat! Als gebürtiger Vinschgauer verriet er mir auch so manche Insidergeschichte.

Danken möchte ich meinem Südtiroler Kollegen Herbert Taschler, der mir so manchen Geheimtipp verriet, und Uta Radakovich sowie Judith Oberhuber von »Südtirol Marketing« für ihre Informationen. Zu guter Letzt danke ich meinem langjährigen Freund Sepp Waldner vom »Hotel Oberwirt« für seine Gastfreundschaft und ganz besonders für das unvergessliche Spargeltestessen, das ich zwar leider verloren habe, das aber allen Beteiligten, auch dank der Kochkunst von Werner Seidner und den Weinen von Terlan, einen schönen frühsommerlichen Mittag beschert hat.

www.collection-rolf-heyne.de

1. Auflage 2012

Texte: Monika Kellermann
Fotografie: Udo Bernhart
Karte: Astrid Fischer-Leitl, München
Lithographie: Lorenz & Zeller, Inning am Ammersee
Druck und Bindung: Printer Trento

Printed in Italy

ISBN 978-3-89910-545-2